Libérez votre potentiel illimité

Construisez une vie épanouissante en transformant les croyances qui vous enferment.

Mélanie Bourquin

Libérez votre potentiel illimité

Construisez une vie épanouissante
en transformant les croyances
qui vous enferment.

© Première édition : 2023
Toute reproduction d'un extrait quelconque de ce livre par quelque procédé que ce soit, et notamment par photocopie ou scan, est interdite sans autorisation écrite de l'auteure.
ISBN : 9798850704995

MERCI

À la Vie, aux expériences, aux « tests de l'Univers » mis sur mon chemin, aux êtres humains ayant croisé ma route et qui ont été les catalyseurs de ma transformation et de mon évolution, aux inspirations, aux signes.

Quand on rentre dans un tunnel, on a hâte d'en sortir. C'est sombre, froid et semble interminable, particulièrement quand la route est chaotique.
Et pourtant, c'est ce chemin tumultueux et secouant qui nous change et nous révèle.

Notre lumière ne pourrait briller sans son ombre.

SOMMAIRE

Introduction	11
Chapitre 1 : Origine des croyances	17
Chapitre 2 : Croyances négatives ou limitantes	23
Chapitre 3 : L'Arbre de vie	47
Chapitre 4 : Réalité vs. Vérité	53
Chapitre 5 : Transformer les croyances limitatives en vérités libératrices	63
Chapitre 6 : Le pouvoir des mots	73
Chapitre 7 : Les 5 blessures de l'âme et les Drivers associés	81
Chapitre 8 : Identifier les croyances irrationnelles pour les pulvériser	125
Chapitre 9 : Les bénéfices secondaires et la résistance au changement	135
Chapitre 10 : Lettre d'engagement envers soi-même	173
Conclusion	184

Introduction

Bienvenue dans ce voyage de transformation intérieure, destiné à tous les multipotentiels qui aspirent à libérer leur plein potentiel et à vivre une vie épanouissante.

Ce livre est conçu comme une ressource pratique pour vous accompagner dans la libération de vos croyances limitantes, afin de vous permettre de vous épanouir pleinement et de réaliser vos rêves les plus audacieux.

En tant qu'auteure, mon intention est de vous offrir les outils, les connaissances et l'inspiration nécessaires pour transformer vos croyances limitantes en croyances aidantes et libératrices.

Je souhaite que ce livre serve de guide pratique pour vous aider à transcender les barrières qui vous ont retenu(e) jusqu'à présent, afin que vous puissiez embrasser pleinement votre nature multipotentielle et exploiter toutes les facettes de votre être.
.

Dans les pages qui suivent, nous explorerons en profondeur les croyances limitantes courantes chez les multipotentiels et les répercussions qu'elles peuvent avoir sur leur vie. Nous plongerons également dans les différentes techniques et pratiques de développement personnel qui peuvent vous aider à identifier, à remettre en question et à transformer ces croyances limitantes, pour créer une réalité nouvelle et plus épanouissante.

Ce livre est conçu pour être accessible et pratique. Vous y trouverez des exercices, des méditations, des techniques de coaching et des conseils concrets que vous pourrez mettre en œuvre dans votre vie quotidienne. Chaque chapitre abordera un élément de compréhension et vous guidera étape par étape dans le processus de libération et de transformation.

En comprenant et en travaillant sur vos croyances limitantes, vous ouvrirez la porte à de nouvelles possibilités. Vous développerez davantage votre confiance en vous, une clarté sur vos objectifs et vos centres d'intérêts, et une capacité à surmonter les obstacles qui se dressent sur votre chemin. Vous vous libérerez des schémas répétitifs du passé et vous créerez une réalité plus alignée avec votre véritable essence.

Au fur et à mesure de votre progression dans ce livre, vous développerez une plus grande compréhension de vous-même, de vos talents multiples et de votre potentiel infini. Vous découvrirez comment utiliser des outils tels que la visualisation créative, la pratique de l'auto-compassion, l'analyse et l'observation de soi, et bien d'autres encore, pour transformer vos croyances limitantes en croyances aidantes et libératrices.

Je vous encourage à vous engager pleinement dans ce voyage intérieur, à pratiquer les exercices, à prendre des notes, à réfléchir profondément et à vous ouvrir à de nouvelles perspectives. Rappelez-vous que le processus de libération des croyances limitantes peut être profond et parfois émotionnel. Soyez bienveillant(e) envers vous-même et avancez à votre rythme.

Je suis honorée de vous accompagner dans cette transformation et je suis convaincue que vous possédez déjà en vous tous les éléments nécessaires pour vous libérer de vos croyances limitantes et réaliser vos plus grands rêves.

Prêt(e) à commencer ce voyage vers une vie épanouissante et alignée avec votre véritable potentiel ?

Plongez et embrassez la magie de la libération !

❝

La porte du changement ne peut
s'ouvrir que de l'intérieur,
chacun en détient la clé.

❞

Jacques Salomé

Chapitre 1

Origine des croyances

D'où viennent nos croyances ?

Nous n'avons pas choisi de manière consciente la plupart de nos croyances. Elles nous ont été transmises par notre famille, les figures d'autorité et le conditionnement culturel. Nos actions et nos comportements sont l'expression de ces croyances. Tout ce qui nous entoure est directement lié à ce que nous tenons pour vrai aux niveaux les plus profonds de la conscience.

Comment, tout au long de notre vie, nos croyances ont-elles été créées, façonnées et maintenues ?

Parlons tout d'abord de ce qui est connu sous le nom d'« Impression ». Nous sommes particulièrement sensibles aux apports reçus à certains moments de notre existence. Ces moments, appelés stades d' « Impression », se produisent en général au cours de l'enfance.

L'esprit d'un nouveau-né est occupé à découvrir les détails de son environnement. C'est à ce stade que nous commençons à appréhender le monde dans lequel nous vivons.
Nos impressions sont alors liées essentiellement à notre environnement et aux dangers qu'il représente pour nous.

Nous développons également des croyances au travers de nos expériences, qui peuvent s'avérer parfois de très bons professeurs. Mais, comme évoqué précédemment, nous généralisons parfois l'expérience pour qu'elle s'ajuste à des domaines qui ne correspondent pas au contexte originel. Ceci peut entraîner de grandes souffrances et des erreurs d'orientation dans la poursuite de nos objectifs.

Nos croyances sont souvent juste la conséquence d'associations aléatoires. Lorsque plusieurs choses se produisent en même temps, nous avons tendance à les percevoir comme étant connectées.

Prenons comme hypothèse que vous regardiez la télévision pendant deux heures chaque nuit et que vous souffriez ensuite des yeux. Vous pouvez alors conclure que regarder la télévision donne des migraines, en oubliant de considérer que dans le même temps, vous avez doublé votre consommation de caféine, ce qui a pour conséquence de vous donner chaque jour des migraines et douleurs derrière les yeux.

C'est de cette manière que nous pouvons créer des croyances basées sur des informations mal interprétées.

Nous assimilons aussi des croyances au travers du conditionnement social. C'est par exemple le processus par lequel les individus apprennent à fonctionner au sein d'un groupe particulier.

Le terme technique de cette notion est « Socialisation », elle permet de s'assurer que la plupart des membres d'un groupe coopèrent avec les idéaux dominants.

Par exemple, beaucoup d'occidentaux frémiraient à l'idée de manger des insectes. Pourtant, ces organismes, que nous nommons à tort nuisibles, sont en fait extrêmement riches en valeur nutritionnelle. Sous d'autres latitudes, certaines populations se refusent à manger une vache, alors que le boeuf est à la base de beaucoup de régimes alimentaires occidentaux.

Nous absorbons aussi des éléments en provenance de ceux que nous considérons comme nos modèles. Ce genre d'apprentissage se fait la plupart du temps par l'observation. Il peut se produire consciemment ou inconsciemment.

Autre exemple : si vous êtes très jeune et que vous admirez un membre de votre famille, vous adoptez probablement nombre de ses attitudes et de ses manies. Il se peut aussi que vous modélisiez les habitudes de personnes que vous n'aimez pas particulièrement.

Pensez combien de personnes se heurtent en grandissant à un parent, et reproduisent pourtant quelques années plus tard leurs discours, leurs attitudes ou leurs comportements.

Chapitre 2

Croyances négatives ou limitantes

Les croyances

Nous avons tous une multitude de croyances héritées de notre famille que nous mettons en oeuvre quotidiennement. Celles-ci dépendent de notre éducation, notre culture, la religion ou la société dans laquelle nous avons grandi.

Croyances négatives ou limitantes

Les croyances sont des convictions, des dogmes, des proverbes que l'on généralise et que l'on accepte comme des vérités. Les croyances familiales, héritées de nos aïeux, sont issues de leurs propres expériences et transmises comme des vérités absolues qu'il convient de ne pas remettre en question.

Pour illustrer cet aspect, voici une histoire que j'aime raconter aux personnes que j'accompagne.

Une mère est en train de préparer à manger dans sa cuisine, et sa fille de 6 ans vient la voir et l'observe faire. Celle-ci s'aperçoit que sa mère coupe le poulet au niveau de son cou avant de l'enfourner.

La petite fille lui demande alors :
« Maman, pourquoi est-ce que tu coupes la tête du poulet avant de le mettre au four ?

— Je ne sais pas, j'ai toujours vu ma mère faire la même chose : couper la tête du poulet pour le cuire au four.
— Mais est-ce que ça le rend meilleur ? Plus tendre ? Est-ce que ça révèle les arômes ?
— Aucune idée, je fais juste comme ma mère m'a montré ! »

La petite fille, perplexe et curieuse, se rend alors auprès de sa grand-mère pour lui demander et démystifier cette action.

« Mamie, est-ce que toi aussi tu coupes la tête du poulet avant de le mettre au four ?
— Oui ma chérie, c'est comme cela que je le prépare
— Et pourquoi tu fais ça Mamie ?
— Je ne sais pas, j'ai toujours vu ma mère le faire et j'ai répété le même geste. »

La réponse ne satisfaisant pas complètement la petite fille, celle-ci va voir son arrière-grand mère pour lui demander également.

« Grand-maman, est-ce que tu coupes la tête du poulet aussi pour le cuisiner au four ?
— Absolument chérie, c'est ce que je fais
— Pourquoi fais-tu cela ?
— Parce qu'à l'époque, mon four était trop petit, et le poulet n'y rentrait que si je lui coupais la tête. »

Que peut-on apprendre de ce conte ?

On est tenté de reproduire des gestes, des attitudes, des paroles, des pensées que nous nous sommes appropriés consciemment ou inconsciemment, en imitant et en répliquant ce que nous apprenions de notre entourage proche. Sans douter ou réfléchir à une alternative. Parce que ce sont nos " modèles", que l'on prend comme références durant notre enfance.

En grandissant, ces modèles de pensées restent, s'ancrent, et nous ne les remettons que rarement en question.

Bien souvent, ces croyances sont un obstacle à notre bien-être et à notre désir d'autonomie. Les peurs qui en découlent sont un frein à notre évolution personnelle.

Ainsi, dès tout petit, nous intégrons ces dictons familiaux au sens premier et les ressortons quand nous ne savons pas quoi dire ou n'avons pas le recul nécessaire pour analyser la situation.

Ces croyances familiales forgent notre vision parfois restreinte du monde et nous cherchons inconsciemment à les conforter par des faits ou des informations en lien avec celles-ci.

Les croyances concernent tous les domaines de notre vie tels que le travail, le couple, l'argent, les maladies, les hommes, les femmes, la religion, les enfants, la mort. **Personne n'est épargné par ces croyances.**

Ces croyances deviennent négatives dès lors qu'elles nous limitent sur le chemin de notre liberté et qu'elles reflètent non pas la réalité, mais **notre** réalité.

● ● ● ● ● ● ● ● ● ● ● ● ● ●

On note trois grandes catégories de croyances limitantes : la dévalorisation, l'impuissance et le désespoir.

- **La dévalorisation** : "je suis un imposteur", "je ne mérite pas d'être heureux", "je ne suis pas à ma place",...

- **L'impuissance** : "je ne suis pas assez bien", "je suis incapable de réussir", "tout le monde y arrive sauf moi",...

- **Le désespoir** : "je ne peux pas obtenir ce que je veux", "je ne contrôle pas cette situation", "je suis une victime",...

Au départ, les croyances populaires donnent une direction aux certitudes familiales.

Parmi elles, on peut citer :
- Qui vole un oeuf vole un boeuf
- Il faut souffrir pour être belle
- On ne gagne pas son pain sur le dos
- L'argent ne fait pas le bonheur
- Ce sont les meilleurs qui partent en premier
- Les hommes ne pleurent pas

Chaque famille s'est ensuite approprié un certain nombre de dogmes :

- « Il faut travailler dur pour réussir » témoigne de la mémoire d'une vie de labeur (qui est d'ailleurs l'étymologie du mot travail, et qui signifie " torture") sans nécessairement que cela ait abouti à la réussite, notion qui prend un sens différent selon les personnes.

- « Je dois toujours me débrouiller seul(e) » reflète non seulement une croyance héritée d'une famille qui a quémandé de l'aide sans l'obtenir, mais aussi d'une croyance personnelle sans doute mise en place dans la vie intra-utérine ou la petite enfance.

- « Ne perds pas ton temps à rêver » indique probablement que certains membres de la famille n'ont pas pu réaliser ce qu'ils souhaitaient (travail, couple).

Les croyances que nous véhiculons reflètent notre propre vérité. En cela, elles influencent nos relations, nos pensées, nos actions, notre état d'esprit.

Chacun détient sa vérité qui n'est pas nécessairement celle des autres. Et c'est notamment le cas dans les fratries où, élevés par les mêmes parents, chacun des enfants peut voir en l'autre le préféré et, se sentant lésé, ressentira frustration, colère, sentiment d'être mal aimé ou pas aimable.

Les croyances peuvent aussi être érigées en prophéties familiales :

- Redresse-toi, sinon tu seras bossue comme ta tante
- Il est un vrai panier percé, il finira sur la paille comme son oncle
- Un enfant non désiré n'a pas sa place dans la société
- À 35 ans, tous les hommes de la famille meurent

Autres exemples de croyances :

- Une femme ne peut pas devenir pilote de ligne/CEO de grande entreprise/chef étoilé
- Pour faire un métier artistique, il faut forcément du talent
- Après 40 ans, il est trop tard pour reprendre des études
- Une femme se doit d'avoir des enfants et de consacrer un maximum de temps à les élever
- Il faut se méfier des femmes " mariées à leur carrière"
- C'est à l'homme de ramener l'argent dans un foyer
- Il faut toujours viser plus haut
- Après 20 ans dans le même secteur, c'est impossible de faire autre chose
- Lorsqu'on n'a pas de diplôme, on ne peut pas se payer le luxe d'être regardant sur les offres d'emploi qu'on accepte
- Il faut avoir une passion pour être heureux dans son job
- Pour être un bon manager et se faire respecter, il faut être froid et inflexible
- Il ne faut surtout pas montrer ses faiblesses dans le monde du travail
- Le monde du travail, c'est la jungle
- Aujourd'hui on ne peut plus rien attendre de l'entreprise
- L'apprentissage, c'est pour ceux qui sont en échec au lycée
- Pour réussir dans la vie, il faut souffrir

Est-ce que certaines de ces croyances font écho, résonnent en vous ?
Portez votre attention en conscience en relisant chacune d'elle, et observer une potentielle réaction dans votre corps.

En quoi les croyances limitantes ont-elles un impact significatif dans la vie des multipotentiels ?

Voici quelques conséquences courantes de ces croyances dont l'impact affecte les personnes multipotentielles :

⇾ **Auto-limitation** : les croyances limitantes peuvent restreindre les multipotentiels dans leurs choix et leurs actions. Ils peuvent se convaincre qu'ils ne peuvent pas réussir dans différents domaines, ce qui les empêche d'explorer pleinement leur potentiel et de tirer parti de leurs multiples talents.

⇾ **Procrastination** : les croyances limitantes peuvent conduire à la procrastination et à l'indécision. Les multipotentiels peuvent hésiter à se lancer dans de nouvelles entreprises ou à poursuivre des passions, par crainte de ne pas être assez bons (syndrome de l'imposteur) ou de ne pas réussir à satisfaire leurs propres attentes.

⇛ **Manque de confiance en soi** : les croyances limitantes sapent la confiance en soi des multipotentiels. Ils peuvent douter de leurs compétences et se sentir constamment insuffisants, ce qui limite leur capacité à exprimer pleinement leur potentiel et à atteindre leurs objectifs.

⇛ **Difficulté à prendre des décisions** : les croyances limitantes peuvent rendre les multipotentiels réticents à prendre des décisions importantes. Ils peuvent craindre de faire le mauvais choix ou de s'engager dans une voie qui ne correspond pas à leurs attentes, ce qui entraîne une paralysie décisionnelle et une stagnation.

⇛ **Frustration et insatisfaction** : les croyances limitantes peuvent générer de la frustration et de l'insatisfaction chez les multipotentiels. Ils peuvent se sentir piégés dans une vie qui ne correspond pas à leurs aspirations, ce qui entraîne une perte de motivation et une diminution de leur bien-être global.

Il est important de reconnaître ces croyances limitantes et de travailler activement à les transformer en croyances positives et libératrices. En les remettant en question, les multipotentiels peuvent ouvrir la voie à de nouvelles possibilités, à une plus grande confiance en eux-mêmes et à une réalisation personnelle épanouissante.

Toutes ces « prophéties » n'augurent rien de bon et sont parfois tellement intégrées par les membres de la famille qu'ils feront, de manière inconsciente, tout leur possible pour y répondre car, tout comme la loyauté, la croyance est un signe d'appartenance.

Quand on touche à une croyance, on touche aux bases identitaires de la personne et par ricochet, à celles de la famille.

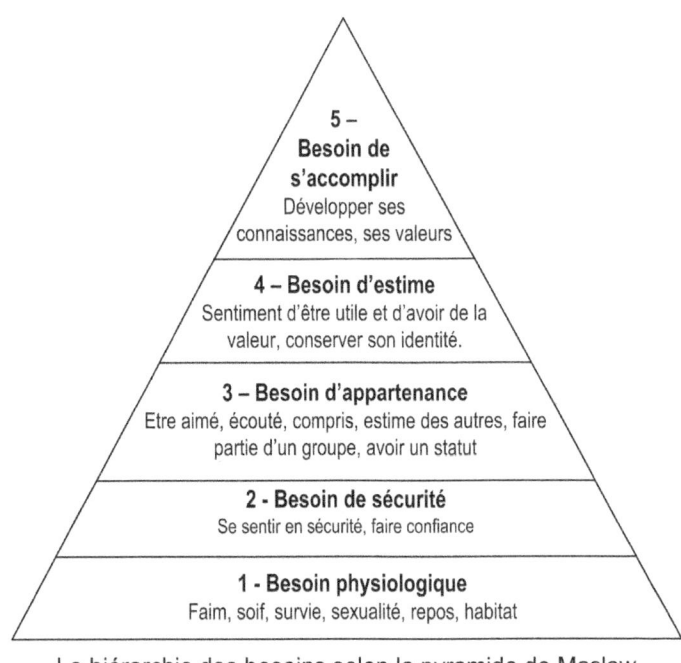

La hiérarchie des besoins selon la pyramide de Maslow

La hiérarchie des besoins selon la pyramide de Maslow

1 - Besoin physiologique : c'est un besoin directement lié à la survie de l'individu ou de l'espèce : manger, boire, se vêtir, se reproduire, dormir,...

2 - Besoin de sécurité : il provient de l'aspiration de chacun d'entre nous à être protégé physiquement et moralement. Il peut être complexe dans la mesure où il recouvre une part objective – notre sécurité et celle de notre famille – et une part subjective liée à nos craintes, nos peurs et nos anticipations qu'elles soient rationnelles ou non (sécurité d'un abri, des revenus, sécurité physique, morale, stabilité affective, sécurité médicale).

3 - Besoin d'appartenance : il correspond au besoin d'amour et de relation avec et entre les personnes, que ce groupe soit social, relationnel ou statutaire (besoin d'aimer et d'être aimé, avoir des relations intimes avec un conjoint, avoir des amis, faire partie intégrante d'un groupe cohésif, se sentir accepté, ne pas se sentir seul ou rejeté.

4 - Besoin d'estime : il correspond aux besoins de considération, de réputation, de reconnaissance ou de gloire, de ce qu'on est par les autres ou par un groupe d'appartenance. La mesure de l'estime peut aussi être liée aux gratifications accordées à la personne. C'est aussi le besoin de respect de soi-même et de confiance en soi.

5 - Besoin de s'accomplir : il se rapporte au besoin de se réaliser, d'exploiter et de mettre en valeur son potentiel personnel dans tous les domaines de la vie.
Cela peut être le besoin d'étudier, d'en apprendre toujours plus, de développer ses compétences et ses connaissances personnelles, créer, inventer, faire,...

Le besoin d'appartenance selon Maslow

Si au départ nous avons choisi de nous rapprocher d'un groupe d'appartenance, il va également nous influencer et participer à la construction de notre " j' ai identifié ".

Comment agir ? Comment penser ? Pour prendre une décision, nous allons comparer ce que nous voulons à ce que le groupe veut. C'est pour cela que nous observons régulièrement des groupes d'amis se ressemblant comme deux gouttes d'eau : chacun créé son style, ses comportements en fonction du groupe et de ses règles.

De cette manière, chaque individu se développe et entretient son sentiment d'appartenance. L'appartenance à un groupe ou à une communauté nous procure les moyens d'obtenir de l'affection et de l'amour, ainsi que les moyens de s'exprimer, d'être écouté, d'être soutenu, d'avoir une place et un rôle à jouer, de structurer son identité et de recevoir la preuve de sa propre existence.

Les groupes qui permettent de satisfaire ce besoin sont nombreux : une famille, une entreprise, une communauté religieuse, un parti politique, une association, un club, une bande de jeunes,... Le succès des réseaux sociaux, repose en partie sur le besoin d'appartenir à une communauté, qu'elle soit réelle ou virtuelle.

Lorsque le besoin d'appartenance n'est pas satisfait, on peut alors ressentir une dépendance ou un attachement excessif qui peut engendrer une perte d'autonomie.

Comme le fait remarquer Henri Laborit, le souhait de s'intégrer à un groupe ne favorise pas forcément la liberté de penser :
« Il lui est généralement interdit de faire fonctionner son imagination s'il veut bénéficier de la sécurisation apportée par l'appartenance au groupe et éviter de se faire traiter d'anarchiste, de gauchiste, voire même d'utopiste. Il lui faut faire allégeance aux leaders, aux pères inspirés, aux hommes providentiels, aux chefs responsables. Même dans la contestation des structures hiérarchiques de dominance, il doit encore s'inscrire dans une structure hiérarchique de dominance. Il existe un conformisme révolutionnaire comme il existe un conformisme conservateur. »

Afin d'intégrer un groupe et ne pas en être exclu, on peut alors renoncer à son autonomie et à son libre arbitre pour se conformer aux idées, aux valeurs et aux attentes de son groupe d'appartenance.

Même si ce besoin est nécessaire à notre développement, son émancipation et son évolution psychologique nécessitent d'apprendre à s'en détacher pour se forger un socle identitaire qui nous est propre.

> Lorsque le besoin d'appartenance est satisfait, la volonté d'affirmer sa singularité et de se distinguer des autres émerge davantage dans la conscience de l'individu.

Jean-Christophe Giuliani

Le cercle des croyances (modèle cognito-comportemental)

```
        Environnement
              ↖     Cognition / Pensées   ↖
                ↘     ↗    ↑    ↖        ↘
                      |         |
   Comportements ←————+————→ Émotions
                ↖     |         ↗
                ↘    ↓    ↙    ↗
                    Sensations physiques
```

Émotion : ce que l'on ressent intérieurement (tristesse, anxiété, colère, culpabilité).

Sensation physique : changement physiologique (fatigue, maux de tête, nausée, trouble de sommeil, diaphorèse, palpitation).

Cognition/Pensée : interprétation par rapport à soi, aux autres ou à l'environnement extérieur (la façon dont l'individu parle à lui-même). Exemple : je ne vaux rien, il est dangereux de faire confiance à autrui, je dois toujours faire ce qu'on me demande.

Comportement : action volontaire, observable et mesurable (ce que l'on fait ou que l'on évite de faire). Exemple : développer de nouvelles relations, reporter une tâche à plus tard, rendre un service à autrui.

Le cercle des croyances est un concept issu du modèle cognitif-comportemental, une approche thérapeutique utilisée en psychologie. Il décrit un schéma de pensée et de comportement récurrent qui se renforce mutuellement.

Selon le modèle cognitif-comportemental, nos croyances, nos pensées, nos émotions et nos comportements sont tous interconnectés et s'influencent mutuellement. Le cercle des croyances met en évidence cette relation dynamique entre ces différents éléments.

Situation : tout commence par une situation donnée ou un événement qui se produit dans notre vie. Cela peut être une interaction sociale, une expérience professionnelle, une pensée automatique, etc.

Pensées/Croyances : la situation déclenche des pensées et des croyances automatiques qui surgissent dans notre esprit. Ces pensées peuvent être positives, négatives ou neutres, et sont souvent le reflet de nos schémas de pensée profondément ancrés et de nos croyances sur nous-même, les autres et le monde.

Émotions : les pensées et les croyances automatiques influencent nos émotions. Si nous avons des pensées négatives ou des croyances limitantes, cela peut déclencher des émotions telles que la tristesse, la colère, la peur, l'anxiété, etc.

De même, des pensées positives peuvent générer des émotions positives telles que la joie, l'excitation, la confiance, etc.

Comportements : nos émotions influencent ensuite nos comportements. Les émotions négatives peuvent nous amener à adopter des comportements d'évitement, de retrait social ou de rumination, tandis que les émotions positives peuvent nous motiver à prendre des mesures positives, à nous engager dans des activités sociales, etc.

Conséquences : nos comportements ont des conséquences qui renforcent nos croyances initiales. Par exemple, si nos comportements d'évitement nous permettent de faire face à l'anxiété à court terme, cela renforce notre croyance que les situations sociales sont menaçantes et qu'il est préférable de les éviter à l'avenir. De cette manière, le cercle des croyances se boucle et continue à influencer nos pensées, nos émotions et nos comportements.

Le travail thérapeutique basé sur le modèle cognitif-comportemental vise à identifier les schémas de pensée négatifs et les croyances limitantes, à les remettre en question et à les remplacer par des pensées plus adaptatives et des croyances positives. Cela permet de briser le cercle des croyances négatives et de favoriser des changements positifs dans notre façon de penser, de ressentir et d'agir.

Les croyances fondamentales sont généralement inconscientes et représentent le niveau cognitif le plus profond. Il s'agit de conclusions absolues à propos de soi, des autres et du monde, à travers lesquelles l'individu perçoit et analyse son environnement.

Elles se développent sur la base de l'interaction entre l'hérédité d'une personne et les évènements qu'il a vécu très tôt dans sa vie, et elles tendent à se maintenir de façon stable et rigide dans le temps.

À titre d'exemples :
• Croyances par rapport à soi-même : je suis inutile, je ne mérite pas d'être aimé.
• Croyances par rapport à autrui / au monde extérieur : le monde est injuste.
• Croyances par rapport au futur : les choses ne fonctionneront jamais pour moi.

Croyances fondamentales

↓

Croyances intermédiaires
(règles et attitudes)

↓

Processus cognitifs
(distorsions cognitives)

↓

Pensées automatiques

↓

Réactions
(émotions, symptômes physiques, comportements)

Modèle cognitif

Prenons par exemple la croyance « je suis nulle pour parler en public ».
L'événement me fait avoir une pensée (je suis nulle, je ne vais pas y arriver,...) ⇢ le jour J, ces pensées créent une émotion qui va nous stresser ⇢ le comportement de stress en découlant va engendrer le retour des autres (elle est stressée, elle n'est pas bonne,...) ⇢ et ces schémas de pensées mis bout à bout viennent renforcer cette croyance.

À contrario, si j'ai été bercée par mes parents par le fait que je suis une bonne oratrice, cela va créer des nouvelles pensées (je vais réussir, mon discours sera top, le public va adorer,...). Ainsi, le jour J, je serai sur-stimulée pour présenter en public.

Autre exemple : si vous êtes très jeune et que vous admirez un membre de votre famille, vous adoptez probablement nombre de ses attitudes et de ses manies. Il se peut aussi que vous modélisiez les habitudes de personnes que vous n'aimez pas particulièrement.

Pensez combien de personnes se heurtent en grandissant à un parent, et reproduisent pourtant quelques années plus tard leurs discours, leurs attitudes ou leurs comportements.

Tout part de nos pensées.

Chapitre 3

L'Arbre de vie

L'Arbre de vie est une méthode simple pour symboliser les histoires des personnes, ce qu'elles ont vécu, ce qu'elles veulent, ce qui est important pour elles. La métaphore de l'arbre permet de nous mettre à distance, en recul pour mieux poser les choses.

Complétez votre arbre selon les éléments suivants :

- **Les racines** : quelle est votre histoire ? D'où vous venez, vos origines, qu'est-ce qui dans votre histoire à conditionné votre vie, vous a construit ? Qu'est-ce qui fait que vous vous retrouvez à travailler dans cette entreprise ?

- **Le sol** : de quoi avez-vous besoin pour que votre arbre pousse ? De quoi avez-vous besoin pour avancer et être serein dans vos études, dans votre entreprise ?

- **Le tronc** : vos talents. Qu'est-ce qui fait que l'arbre est solide ? Ce que vous aimez faire, ce que vous savez faire, ce que l'on vous reconnait comme qualités, compétences. Vos valeurs.

- **Les branches** : vos projets. Les rêves, les espoirs que vous nourrissez pour votre vie.

- **Les feuilles** : les personnes autour de vous qui comptent, qui sont importantes et sont des ressources dans votre vie. Des gens qui vous rendent heureux, qui vous soutiennent.

- **Les fruits** : les cadeaux de la vie, les chances qu'on vous a donné, l'aide que vous avez reçue.

Objectif de cet exercice
Une fois l'arbre complété, choisissez un objectif personnel, une aspiration, un projet. Inscrivez les défis et les difficultés rencontrés, ou étant potentiellement sur le chemin pour y arriver.
Puis définissez les croyances inhérentes à ces difficultés.

Exemple
Projet : avoir un jardin potager
Défis : acquérir la connaissance pour cultiver, entretenir et trouver un jardin disponible en ville
Croyances limitantes : je ne sais pas jardiner, les terrains dans la ville où je vis sont hors de prix ou indisponibles car déjà attribués.

Arbre de Vie : donner du sens à son parcours

FRUITS & FLEURS
Réussites, vécu, faits, rencontres & événements clés qui ont influencé positivement ma vie

GROSSES BRANCHES
Mes objectifs, aspirations, espoirs et projets à long terme

RACINES & TERRE
Ce qui m'a fait grandir, mes bases, mes motivations, mes valeurs

TRONC
Ce que j'ai acquis, mes compétences, mes ressources

PETITES BRANCHES
Mes petits objectifs et défis du quotidien

FEUILLES
Les personnes importantes de ma vie, les ressources autour de moi

> Rien n'est absolu, tout est changement, tout est mouvement, tout est révolution, tout s'envole et s'en va.

Frida Kahlo

Chapitre 4

Réalité vs. Vérité

En PNL (Psychologie Neuro-Linguistique), on distingue la carte du monde et le territoire.

Pour faire simple : chaque individu possède sa carte du monde, la carte de sa réalité. Or, sa carte du monde n'est pas le territoire. En l'occurrence, sa carte ne représente pas conformément la réalité du territoire.

Nous avons tous une carte du monde, une manière de nous représenter la réalité vécue mais aucun d'entre nous ne détient la vérité, tout simplement parce qu'il est impossible d'avoir une vision parfaitement objective et complète d'un territoire aussi vaste.

Nous percevons la réalité à travers différents filtres : nos sens de prédilection (visuel, auditif, olfactif, kinesthésique, gustatif), notre vécu, notre éducation, nos expériences, nos croyances, nos valeurs...

Nous percevons la réalité d'une manière très personnelle et forcément parcellaire parce que notre cerveau reçoit de nombreuses informations (à chaque seconde, chacun d'entre nous est bombardé avec deux millions de bits d'informations) qu'il doit trier, prioriser, omettre pour construire une représentation de la réalité.

Notre réalité. Notre carte.

Selon les filtres, un même évènement peut être perçu d'une manière très différente d'une personne à l'autre. On a coutume de dire qu'il n'y pas de bonnes ou de mauvaises cartes du monde pour autant il n'y a pas une représentation qui soit plus juste qu'une autre. Dans tous les cas, il est fort probable que ce modèle du monde ait un impact sur nos comportements, nos choix, notre vie.

Chacun a raison finalement, non ?

Cette compréhension de ce pré-supposé de la PNL (le méta-modèle, la carte du monde) permet une connaissance de soi d'une part, mais aussi une acceptation de l'autre dans sa propre vision du monde.
L'autre n'a pas plus raison que vous, ou plus ou moins d'importance. Vous ne pouvez pas réfuter ce qu'il vit sous prétexte que vos ressentis sont plus forts que les siens et inversement.

> # CLÉ
>
> Être conscient de notre propre construction de la réalité nous autorise à en changer, en la comparant avec celles des autres ou en prenant du recul.
> Il faut parfois savoir changer de point de vue pour changer sa vie.

Définition du méta-modèle

C'est un ensemble de questions et de schémas de langage, conçus pour tester et étendre la carte de la réalité d'un individu.

Lorsque nous gérons une information, nous la « réduisons » grâce à 3 procédés : **la suppression, la distorsion et la généralisation**, pour qu'elle corresponde à nos filtres perceptifs.

Par la compréhension des schémas de langage, le méta-modèle vous permet de récolter sur vous-même des informations non-révélées, et de faire ainsi ressortir non seulement des peurs, mais aussi des systèmes de croyances enfouis.

La généralisation : processus par lequel une personne utilise une expérience personnelle pour en déduire une conclusion qu'il va généraliser ; il l'applique à toutes les situations similaires ou s'en approchant. Une partie d'une expérience devient la représentation d'une catégorie entière.
Par exemple : ma soeur est sortie avec un pompier, et celui-ci l'a trompée. Croyance généralisée : tous les pompiers sont infidèles.

La suppression : nous supprimons les choses de notre conscience pour ne pas être submergés par tout ce qui se produit autour de nous. Cette capacité est très utile, elle nous évite de prêter attention à tout ce qui arrive. Certaines expériences sont pertinentes pour votre avancée et d'autres ne le sont absolument pas, il est donc normal de ne pas perdre votre temps, vos ressources et votre énergie avec des informations qui vous sont inutiles.
Par exemple, si vous êtes en colère contre un membre de votre famille, il se peut que vous oubliiez toutes les raisons que vous avez de l'aimer.

La distorsion : nous avons la capacité d'altérer mentalement la forme et la structure du monde que nous percevons et de l'adapter à notre carte de la réalité.

Tout ce que vous voyez autour de vous est un produit de cette distorsion. La distorsion nous permet de fantasmer, de planifier, et de concevoir notre avenir. Elle nous permet aussi d'élaborer une vision de ce que nous voulons, de nous y projeter, et de persister lorsque les choses vont mal.

Méfions-nous toutefois, car cette capacité à distordre la réalité peut aussi se retourner contre vous. Par exemple, vous pouvez créer des expériences dont vous ne voulez pas. Que se passerait-il, au bureau, si vous pensiez que cette personne, qui parle tout doucement à côté de vous est en train de vous dénigrer ? Vous pourriez conclure que le monde travaille contre vous et commencer à tout ressentir au travers de ce filtre, et au final vous dévaloriser, vous percevoir comme bien moins capable que vous ne l'êtes réellement.

L'exercice suivant consiste à répondre aux questions une première fois, puis d'y revenir une seconde fois afin de laisser votre intuition s'exprimer (la première vague étant générée par le mental).

Je vous invite à choisir un objectif que vous avez écrit dans l'Arbre de Vie, puis de répondre aux questions suivantes :

- Qu'est-ce que je veux réellement (réponse à formuler positivement, et ne vous en tenir qu'à vous : « je veux... », « je souhaite... ») ?

- Qu'est-ce que cela m'apporte spécifiquement ? En quoi est-ce important pour moi (raisons personnelles : « c'est important pour moi car... ») ?

- Comment savoir que j'ai atteint mon objectif (le résultat doit être vérifiable : « je saurai que j'ai réussi mon objectif lorsque... ») ?

- Qu'est-ce qui m'a empêché de l'obtenir jusqu'à présent ? Y a-t-il un problème à atteindre cet objectif ? Pour moi ? Pour ma famille ou mon entourage ? Est-ce que cela affecterait mon entourage (« jusqu'à présent, le fait de ... a ralenti / bloqué la réalisation de mon objectif ») ?

- Qu'est-ce qui bloque (« ce qui obstrue la réalisation de mon objectif est... ») ?

- Qu'est-ce qui aide (« ce qui participe à réaliser et à atteindre mon objectif est... ») ?

"

La peur du changement
nous pousse à l'inaction.

"

Lori Nelson Spielman

Chapitre 5

Transformer les croyances limitatives en vérités libératrices

Vérité libératrice

Une vérité libératrice est une idée, une croyance ou une compréhension profonde qui a le pouvoir de libérer une personne de ses limitations, de ses souffrances ou de ses schémas de pensée limitants. Elle apporte un nouvel éclairage, une perspective plus élargie et une sensation de soulagement, de libération et de transformation.

Une vérité libératrice remet en question les idées préconçues, les croyances limitantes ou les schémas de pensée négatifs qui ont pu entraver le développement personnel, la confiance en soi, le bonheur ou la réalisation de son plein potentiel.

Elle peut offrir une nouvelle façon de voir les choses, une compréhension plus profonde de soi-même ou du monde qui nous entoure, ou encore une acceptation de ce qui est.

Ce type de vérité peut émerger à travers l'introspection, la remise en question, l'exploration personnelle, la rencontre avec des enseignements ou des expériences transformatrices. Elle peut être universelle ou spécifique à chaque individu, en fonction de son parcours, de ses besoins et de ses aspirations.

Celle-ci peut avoir un impact profond sur la personne qui la découvre ou l'accepte. Elle peut alors ouvrir de nouvelles possibilités, inspirer un changement positif, favoriser la croissance personnelle et élargir les horizons. Elle peut également apporter une sensation de paix intérieure, de confiance en soi, de connexion avec soi-même et avec les autres.

Il est important de noter que ce qui peut être une vérité libératrice pour une personne peut être différent pour une autre. Chacun a son propre cheminement et ses propres vérités qui peuvent être libératrices à un moment donné de sa vie. La recherche de vérités libératrices est un processus personnel et continu qui peut contribuer à l'épanouissement et à la réalisation de son plein potentiel.

Voici quelques exemples de croyances limitatives transformées en vérités libératrices :

1. **Croyance limitative** : je ne suis pas assez bonne. Je ne suis pas assez intelligente. Je ne fais jamais rien.
⋯➤ **Vérité libératrice** : je me vois dans tout ce que je suis. Je mets en oeuvre mes forces pour soutenir mes difficultés. J'avance et je me crée. Je reconnais mes pas même si parfois le doute surgit.

2. **Croyance limitative** : je suis une victime. La vie est dure.
⇢ **Vérité libératrice** : à chaque jour, j'ai des nouvelles opportunités et les ressources nécessaires. Je vis dans l'abondance et la joie. La vie m'apporte tout ce dont j'ai besoin. Je suis bénie.

3. **Croyance limitative** : je ne mérite pas le bonheur.
⇢ **Vérité libératrice** : je m'ouvre à recevoir. La vie m'aime et j'aime la vie.

4. **Croyance limitative** : je mérite d'être punie quand je fais quelque chose de mal.
⇢ **Vérité libératrice** : je suis ma meilleure amie et je me soutiens dans les hauts et les bas. La vie est avec moi et les expériences m'enrichissent.

5. **Croyance limitative** : je dois être parfaite pour être aimée.
⇢ **Vérité libératrice** : je suis digne d'amour. Je m'aime un peu plus à chaque jour en respectant mes limites et me reconnaissant dans tout ce que je suis.

C'est à vous ! Choisissez trois croyances limitatives (en lien avec l'objectif choisi dans votre Arbre de Vie) et écrivez ensuite, avec vos mots, sa vérité libératrice. Gardez bien en tête d'utiliser tournures et mots positifs.

CLÉ

COMMENT CONSOLIDER VOS NOUVELLES CROYANCES ?
Affichez-les partout ! Utilisez des post-it à placer sur les murs, les portes de vos placards, écrivez sur un miroir, bref, utilisez tout support sur lequel vos yeux se poseront au moins une fois dans la journée.

EXERCICE

Dégommer des croyances en une phrase.

Quand vous vous surprenez à avoir une croyance limitante, posez-vous cette simple question :

« Et si c'était faux ? »

DÉMARCHE SYMBOLIQUE

Prenez une feuille de papier et des crayons de couleur ou des feutres.

Réfléchissez à la croyance limitante que vous souhaitez transformer et identifiez-la clairement dans votre esprit.

Commencez par dessiner ou écrire cette croyance limitante au centre de la feuille. Utilisez des couleurs qui représentent cette croyance pour vous, que ce soit des couleurs sombres, froides ou ternes.

Imaginez ensuite une croyance plus positive et aidante qui pourrait remplacer cette croyance limitante. Visualisez cette nouvelle croyance comme une lumière vive ou des couleurs chaudes et joyeuses.

Commencez à ajouter petit à petit des éléments de transformation à votre dessin. Par exemple, vous pourriez dessiner des flèches, des symboles de croissance, ou écrire des mots positifs autour de la croyance limitante pour la transformer en croyance aidante.

Laissez votre intuition guider votre dessin. Permettez-vous d'exprimer librement vos émotions et vos sentiments à travers les couleurs, les formes et les mots. Laissez de côté votre juge intérieur s'il pointe le bout de son nez. Observez votre dessin lorsque vous aurez terminé. Prenez le temps de le contempler et de vous connecter aux émotions qu'il suscite en vous.

Enveloppez-vous dans un sentiment de gratitude et d'acceptation pour la transformation qui est en train de se produire. Ressentez la puissance de ce processus.

Si vous le souhaitez, vous pouvez conserver votre dessin dans un endroit spécial où vous pourrez le contempler régulièrement, et vous rappeler votre engagement envers le changement positif que vous avez initié. Libre à vous de le ranger aussi dans un endroit où vous ne le consulterez pas fréquemment.

Cette démarche symbolique à travers le dessin vous permet de matérialiser et de visualiser la transformation de votre croyance limitante en une croyance plus aidante. N'hésitez pas à être créatif et à personnaliser l'exercice en fonction de ce qui résonne le mieux en vous. L'important est de vous engager pleinement dans le processus et d'ouvrir votre cœur et votre esprit à la possibilité de changement et de croissance.

> Ce que tu penses, tu le deviens.
> Ce que tu ressens, tu l'attires.
> Ce que tu imagines, tu le crées.

Bouddha

Chapitre 6

Le pouvoir des mots

L'impact des mots

Les mots ont un pouvoir et un impact significatifs sur le cerveau et le corps. Ils peuvent influencer notre état émotionnel, notre perception du monde, notre niveau de motivation et même notre santé physique.

Voici comment les mots peuvent affecter le cerveau et le corps :

Influences sur les pensées : lorsque nous utilisons des mots positifs et encourageants, notre cerveau tend à générer des pensées positives et optimistes. De même, l'utilisation de mots négatifs peut générer des pensées négatives et limitantes. Les mots que nous choisissons d'utiliser peuvent donc façonner notre état d'esprit et notre perception de la réalité.

Impact sur les émotions : les mots ont le pouvoir de susciter des émotions intenses. Des mots doux et bienveillants peuvent apporter du réconfort et générer des émotions positives, tandis que des mots blessants ou critiques peuvent provoquer de la tristesse, de la colère ou de la détresse émotionnelle. Les mots que nous entendons ou lisons peuvent avoir un impact émotionnel significatif.

Effets sur les actions : les mots ont la capacité de motiver et d'influencer nos actions. Des mots encourageants et inspirants peuvent nous pousser à prendre des mesures positives, à persévérer et à atteindre nos objectifs. À contrario, des mots décourageants ou limitants peuvent inhiber notre motivation et nous empêcher de passer à l'action.

Modification de la chimie du cerveau : les mots peuvent activer certaines régions du cerveau et stimuler la production de substances chimiques telles que les neurotransmetteurs. Des mots positifs et bienveillants peuvent déclencher la libération de neurotransmetteurs associés au bien-être, comme la dopamine et l'ocytocine, améliorant ainsi notre humeur et notre bien-être général.

Influence sur la santé physique : des études ont montré que les mots que nous utilisons peuvent avoir un impact sur notre santé physique. Des mots positifs et encourageants peuvent renforcer notre système immunitaire, réduire le stress et améliorer notre bien-être général. En revanche, des mots négatifs et stressants peuvent avoir des effets néfastes sur notre santé, augmentant le niveau de stress, perturbant le sommeil et même affaiblissant notre système immunitaire.

Il est donc essentiel de choisir nos mots avec soin, que ce soit dans nos conversations avec les autres ou dans notre dialogue intérieur. Les mots que nous utilisons peuvent avoir un impact profond sur notre bien-être émotionnel, mental et physique. En cultivant une utilisation consciente et positive des mots, nous pouvons créer un environnement propice à la croissance personnelle, à la santé et au bien-être global.

L' extraordinaire expérience de Masaru Emoto

Masaru Emoto était un chercheur japonais connu pour ses travaux sur l'impact des mots, des pensées et des émotions sur l'eau. Ses recherches ont été populaires dans le domaine de la spiritualité et de la médecine alternative.

Dans ses expériences, Emoto a exposé de l'eau à différentes intentions, émotions et mots, puis a congelé cette même eau pour examiner les cristaux de glace formés. L'eau ayant reçu des mots et intentions bienveillants, ou de la musique douce, formait des cristaux de glace harmonieux et esthétiques.

En revanche, l'eau exposée à des intentions négatives, des mots blessants ou de la musique agressive présentait des cristaux de glace déformés et disharmonieux.

Ces observations ont été interprétées par Emoto comme une preuve que les mots, les pensées et les émotions ont un impact sur la structure de l'eau et, par extension, sur notre propre bien-être.

ACTIVITÉ

L'expérience des pots de riz

Prenez deux bocaux et remplissez-les de riz (de préférence cuit pour mieux observer les différences). Inscrivez ensuite sur l'un d'eux un mot ou une phrase considérée comme « positive », tel que « amour », « joie » ou encore « je t'aime ».

Sur le second bocal, écrivez un mot ou une phrase ayant une énergie négative telle que « je te déteste » ou « haine ».

Puis, chaque jour, répétez à voix haute la phrase inscrite sur le bocal concerné, en le prenant dans vos mains. Portez toute votre attention sur chaque bocal, pendant une dizaine de seconde, parlez (ou pensez) avec tout votre amour pour l'un, et toute votre haine pour l'autre.

Vous remarquerez probablement une différence entre chaque bocal au bout de quelque temps : le riz contenu dans l'un des deux va s'abîmer, alors que l'autre restera d'un blanc intact.

> Très souvent un changement de soi, est plus nécessaire qu'un changement de situation.

Théodore Monod

Chapitre 7

Les 5 blessures de l'âme et les Drivers associés

Quelles sont ces cinq blessures ?

Les blessures de l'âme ou blessures existentielles ont été découvertes par un psychiatre américain, John Pierrakos. Ses recherches ont ensuite été poursuivies par Lise Bourbeau, une thérapeute canadienne, qui a établi dans son best-seller international, « Les 5 blessures qui empêchent d'être soi-même », un lien entre les blessures intérieures et l'apparence physique d'une personne.

Les blessures de l'âme sont des marques profondément ancrées en nous. Elles se sont gravées dans notre subconscient lors de l'enfance et nous sont souvent transmises par nos parents, eux-mêmes ayant été blessés dans leur propre enfance.

Ces blessures jouent un rôle majeur dans notre vie puisqu'elles conditionnent notre comportement, nos rapports aux autres, nos pensées et nos émotions.

Les blessures de l'âme sont au nombre de cinq et sont, par ordre chronologique : le rejet, l'abandon, l'humiliation, la trahison et l'injustice.

Nom	Rejet	Abandon	Humiliation	Trahison	Injustice
Masque	Fuyant	Dépendant	Masochiste	Contrôlant	Rigide
Age éveil de la blessure	Dès la conception jusqu'à l'âge d'un an	Entre la naissance et l'âge de trois ans	Entre l'âge d'un et trois ans	Entre l'âge de deux et quatre ans	Entre l'âge de quatre et six ans
Parent concerné	Du même sexe	Du sexe opposé	Celui qui réprimait toute forme de plaisir physique	Du sexe opposé	Du même sexe
Action subit par l'enfant	Le fait de ne pas se sentir accueilli, accepté, désiré, aimé	Manque d'amour, d'affection, d'attention	S'est senti brimé dans son envie et sa liberté d'épouver du plaisir	S'est senti trahi, manipulé ou qu'on lui a menti	L'insensiblité et la froideur de mon parent ont freiné le développement de mon individualité
Corps physique de l'adulte	Petit corps étroit, mince, le tour des yeux cernés, tendance aux problèmes de peau, voix basse	Corps mou, Système musculaire sous-développé, grands yeux tristes, voix d'enfant	Corps fait en rondeurs, visage rond, vêtements souvent trop serrés, taille courte, voix douce	Chez l'homme exhibe sa force, chez la femme force dans le bas du corps, grands yeux avec regard intense et séducteur, voix forte	Corps bien proportionné mais rigide, apparence très soignée et semble sexy mais non sensuel, ventre plat, voix sèche.
Attitude et comportement adulte	Perfectionniste, idéaliste mais en doutant de sa valeur, s'isole du monde, panique facilement, prend peu de place puisqu'il devient presque invisible aux yeux des autres, se sent seul	Existe à travers les autres, fait tout pour attirer l'attention, difficulté à fonctionner seul, cherche le soutien de son entourage à tout prix, être la vedette dans une rencontre, souvent malade seulement pour de l'attention	Sensuel mais soumis, cherche le plaisir mais le refoule, se récompense souvent avec de la nourriture, souvent dégouté d'elle-même	Cherche à être spécial et important, forte personnalité, aime contrôler, très séducteur et manipulateur, ne prend pas ses responsabilités	Il veut vivre dans un monde parfait, s'est donc coupé de sa sensibilité, semble un éternel optimiste même si rien ne va, ne respecte pas ses limites, très exigeant face à lui-même.

D'après Lise Bourbeau, tout ce que nous vivons de désagréable dans notre vie est relié à nos blessures. Tout ce qui nous arrive sur le plan mental (anxiété, peurs...), sur le plan émotionnel (culpabilité, émotions, colère...) et sur le plan physique (maladies, malaises, accidents...) n'est que la conséquence de nos blessures d'âme.

À chaque blessure correspond ce que l'on va appeler « le masque ». Il s'agit de la réaction de défense que l'on va adopter face à telle ou telle situation en réponse à l'éveil de notre blessure.

Imaginez que vous ayez l'orteil enflammé. Si quelqu'un marche sur votre orteil, vous allez hurler et réagir car cela vous fera très mal. Si votre orteil avait été en parfaite santé, cela n'aurait rien réveillé en vous. Cela marche de la même manière avec les blessures. Lorsque vous subissez une colère ou réagissez à une situation, vous ne réagissez pas à la situation en elle-même, **vous réagissez à la réaction que la situation a sur vous.** C'est cette réaction que Lise Bourbeau appelle « **le masque** ». Se libérer de l'emprise de ses blessures, c'est être en paix avec soi-même.

Ces cinq blessures peuvent être mises en lien avec les cinq drivers révélés dans l'Analyse Transactionnelle.

Eric Berne, psychiatre américain, est le père de l'analyse transactionnelle : théorie qui s'intéresse à notre personnalité et à la manière dont nous communiquons, et qui étudie l'ensemble de nos échanges relationnels appelés « transactions ».

À sa suite, un psychologue américain, Taibi Kahler, va s'intéresser de plus près à nos interactions : pourquoi certaines débouchent positivement et d'autres pas ? Il va, entre autres, développer le concept de « driver », qui signifie en anglais « pilote » ou « conducteur ».

Pourquoi le terme « driver » ? Parce qu'il désigne un type de comportement bâti à partir de messages que nous avons entendus dans notre enfance, essentiellement des injonctions. Ces messages influencent tellement notre manière de penser et de réagir qu'ils en deviennent contraignants. C'est un peu comme si nous recommencions plusieurs fois un même scénario avec les mêmes comportements, les mêmes sentiments, les mêmes séquences.

Provenant de nos éducateurs, principalement nos parents, nous les avons intériorisés et ils deviennent négatifs quand ils génèrent un comportement qui n'est pas le meilleur pour nous.

Cinq drivers ont ainsi été identifiés :
1. Sois parfait
2. Fais plaisir
3. Fais un effort
4. Sois fort
5. Dépêche-toi

1. « Sois parfait » (en lien avec la blessure de rejet)

Origine : « Peut mieux faire », « C'est bien mais j'aurais voulu que tu fasses davantage » « J'attendais mieux de toi », « C'est du travail bâclé, tu aurais pu t'appliquer ».

Signification et croyance associée : quand on fait une chose, il faut la faire parfaitement.

Comportement lié à l'individu : contrôle de tout et de tous, peur d'avoir oublié quelque chose, pointilleux parfois à l'extrême. Bon administrateur et bon vérificateur, ayant quand même tendance à voir ce qui ne va pas plutôt que ce qui va et ne délègue quasiment rien.

Émotion créée : la peur.

Conséquences : perfectionniste et exigeant, l'individu peut produire un excellent travail mais pas toujours dans les délais car se perd dans les détails ; l'hyper-contrôle prend du temps. Ne sait pas toujours évaluer les priorités, met la barre très (trop) haut et à force de chercher constamment la meilleure solution, laisse parfois passer des opportunités. Craint toujours l'échec et est régulièrement insatisfait de lui et/ou des autres. Assez intolérant face à la critique tout en étant très critique à l'égard des autres. Peut devenir rigide et imposer ses propres règles.

Aspects positifs : bon organisateur, pense que le monde doit être parfait, à commencer par soi-même. Cela l'encourage à toujours s'améliorer. L'individu est quelqu'un de vigilant à la qualité de son travail. Il incite les personnes qu'il encadre à se perfectionner elles aussi.

Aspects limitants : il risque de ne jamais être satisfait de ses acquis et des résultats obtenus. Il considère les réussites de ses collaborateurs comme normales et ne les félicite probablement pas pour leurs succès. Autre point restrictif, se risquer de ne pas pleinement profiter des choses et de s'épuiser à vouloir atteindre un idéal qui lui échappe continuellement.

➤ Transformer le driver en reprogrammant son inconscient avec une phrase libératrice telle que : « Tu as le droit d'être comme tu es, tu as le droit de faire des erreurs, sois comme tu es, prends ta place. »

2. « Fais un effort » (en lien avec la blessure d'abandon)

Origine : « Ne te contente pas de ce que tu as, donne-toi du mal », « Tu n'as aucun mérite, c'était facile », « Quand tu fais quelque chose, implique toi totalement », « Ne te satisfait pas d'un à-peu-près » « Tu n'as vraiment plus rien à faire ? »

Signification et croyance associée : il faut montrer qu'on ne recule pas devant l'effort. Quand on est persévérant et déterminé, on finit toujours par réussir.

Comportement lié à l'individu : s'implique énormément dans ce qu'il fait et peut déployer une très grande énergie pour un projet. N'aime pas ce qui est « facile » ou « évident » et est facilement « contre ». Tout ce qu'on réussit nécessite de surmonter des difficultés. Parfois, le plus important n'est pas nécessairement le résultat obtenu mais d'avoir montré tous les efforts accomplis.

Émotion créée : la tristesse, le besoin d'attention.

Conséquences : actif et très appliqué, l'individu possédant ce driver aime se dépasser (ou se surpasser) et sait reconnaitre les efforts des autres et est prêt à les aider pour qu'ils aillent plus loin. Mais peut être particulièrement sévère à l'égard de ceux qu'il considère comme « paresseux ». Il dévalorise leurs résultats (et les siens aussi) s'il considère qu'ils ont été obtenus facilement, sans effort particulier. Peut avoir tendance à compliquer les choses pour ce que soit difficile et vraiment méritoire mais peut aussi rejeter la responsabilité de ses échecs sur les circonstances ou sur les autres.

Aspects positifs : la ténacité. Cette injonction sert à le mobiliser et à agir. Possède une écoute attentive, à poser des questions. "J'essaie, je fais de mon mieux, ce n'est pas facile,..."

Aspects limitants : si cette pensée est prédominante, on peut confondre le chemin parcouru avec l'objectif à atteindre et se satisfaire d'avoir participé.

La personne peut se sentir écrasée par la tâche et s'y accrocher. Elle peut parfois même compliquer les choses, tenter de se faire plaindre et trouver que les autres n'en font vraiment pas assez.

⇛ Transformer le driver en reprogrammant son inconscient avec une phrase libératrice telle que : « Tu as le droit de faire ce que tu as envie, d'être conscient de tes forces, fais-le tout simplement, prends du plaisir, quantité ne signifie pas nécessairement qualité, les efforts diminuent avec l'expérience. »

3. « Fais plaisir » (en lien avec la blessure d'humiliation)

Origine : « Ne sois pas égoïste », « Sois gentil, je suis épuisé », « Pense davantage aux autres » « Tu me fais de la peine », « Tu n'es vraiment pas gentil »

Signification et croyance associée : il faut être gentil, dévoué, aimable, attentif avec les autres afin d'être bien avec eux et de mériter leur estime.

Comportement lié à l'individu : essaye de satisfaire les autres même si c'est à son détriment. N'ose pas dire « non » par peur d'être désagréable et qu'on lui reproche. A besoin de plaire tout en ayant peur de décevoir. S'intègre bien dans une équipe mais ne la dirige pas.

Émotion créée : le dégoût.

Conséquences : peut se laisser envahir par les autres et s'excuse (trop) facilement. Facile à vivre car attentionné et de compagnie agréable, la personne est cependant victime de sa trop grande sensibilité et de son dévouement car s'oublie derrière les désirs des autres. Peut même dans certains cas devenir envahissant à toujours vouloir « aider les autres », même s'il n'y a eut aucune demande. Éprouve une intense difficulté dans la confrontation et a souvent du mal à décider si cela peut affecter les autres. Se retrouve facilement en dépendance affective.

Aspects positifs : la flexibilité et l'adaptabilité. C'est une injonction qui nourrit la propension à penser aux autres. Souhaite l'harmonie dans un groupe et sa réussite., a un comportement chaleureux avec des expressions comme « presque, un peu, d'accord ?, vraiment ?, ne pensez vous pas que ? ... ».

Aspects limitants : si cette injonction guide trop ses actions, surtout en encadrement d'équipe, il peut y avoir un risque de s'épuiser pour le bien-être des autres. À trop vouloir faire plaisir et prendre soin des autres, elle a tendance à s'oublier elle-même.

Lorsqu'elle fait un feed-back à ses collaborateurs, elle est à l'aise avec les signes de reconnaissance positifs. En revanche, par peur de les blesser, elle risque de ne pas leur faire connaitre leurs points d'amélioration pourtant nécessaires à leur progression. Tendance à éviter de traiter des conflits pourtant salutaires, qui mènent, plus tard, à des situations relationnelles bien plus dégradées.

⇛ Transformer le driver en reprogrammant son inconscient avec une phrase libératrice telle que : « Tu as le droit de te faire plaisir, de te donner le droit d'être qui tu es, accepte-toi et accorde-toi le droit d'être comme tu es, écoute-toi, exprime tes émotions, fais confiance à ton intuition. »

4. « Sois fort » (en lien avec la blessure de trahison)

Origine : « Un grand garçon, ça ne pleure pas », « Montre qui tu es », « Il faut être courageux », « Dans la vie, il faut savoir se battre », « Arrête de geindre et bats-toi »

Signification et croyance associée : il faut se méfier des autres et faire croire qu'on est fort. La vie est un combat, il faut le gagner.

Comportement lié à l'individu : orienté résultat, cache fortement ses émotions, même positives, et montre toujours une « façade ». Estimant qu'il faut se débrouiller seul, est souvent autonome et indépendant. A une grande résistance à la pression et sait gérer des situations difficiles mais peut prendre des risques très importants. A une grande réticence à demander de l'aide et peut éprouver du mépris pour ceux qui en demandent.

Émotion créée : la peur de lâcher-prise, besoin de confiance.

Conséquences : il ne faut pas montrer ce qu'on pense ou ce qu'on ressent. Estime qu'exprimer des émotions et des sentiments est un aveu de faiblesse. Dur avec lui et avec les autres, aime dominer, ne serait-ce que pour bien cacher tout ce qui ressemblerait à une faiblesse. Peut se retrouver dans un isolement relationnel et émotionnel, notamment en étant intolérant ou méprisant envers ceux qui lui apparaissent comme des faibles.

Aspects positifs : la résistance. Cette injonction peut être associée au « sois parfait ! », aide à ne pas montrer ses émotions dans des contextes où cela pourrait lui desservir. Considère que le sang-froid et le recul émotionnel sont utiles à la prise de décision ou à l'action.

Aspects limitants : quand cette injonction est trop marquée, on peut perdre le contact avec ses émotions et ses sentiments. C'est-à-dire avec tout ce qui est moteur en soi et donne de l'énergie. On peut paraître froid, distant et les autres peuvent croire qu'ils ne seront pas compris.

⇶ Transformer le driver en reprogrammant son inconscient avec une phrase libératrice telle que : « Tu as le droit d'exprimer tes besoins et apprendre à faire confiance, prends conscience de tes forces et de tes faiblesses et ne les cache pas, demande de l'aide si besoin, on apprend tous les jours. »

5. « Fais vite » (en lien avec la blessure d'injustice)

Origine : « Quand est-ce que tu vas t'y mettre ? », « Ne traîne pas », « Allez, fonce, tu es trop lent », « À cette vitesse là, tu n'y arriveras jamais », « Tu n'as pas encore fini ? »

Signification et croyance associée : dans un monde en perpétuelle accélération, il faut nécessairement aller toujours plus vite. Pour réaliser quelque chose, il faut aller vite car prendre son temps est une perte de temps.

Comportement lié à l'individu : l'efficacité avant tout. Le temps est si précieux qu'il ne peut pas être gâché en discussions et réflexions interminables. Prend rapidement des décisions, va droit au but en éliminant tout ce qui est accessoire, travaille vite et sait fonctionner dans l'urgence. Dans l'exposé d'un projet, est le premier à dire : « OK, on y va quand ? ». S'ennuie quand il n'y a « rien à faire » et peut se mettre en pression en prenant plus qu'il ne peut assumer. N'a jamais le temps et interrompt souvent celui qui parle trop lentement.

Émotion créée : la colère.

Conséquences : réactif, voire impatient, trouve rapidement des solutions et simplifie les procédures pour « gagner du temps » avec le risque de s'éparpiller, de commencer mille choses et de ne les faire qu'à moitié. Souvent autonome car ayant laissé les autres derrière, il s'agace quand ils sont hésitants et continuent de peser le pour et le contre. A besoin de bouger, d'avancer, de courir, de projeter et d'entraîner les autres qu'il peut trouver parfois trop lents et trop mous. Peut être particulièrement stressant pour les autres. Toujours pressé, finit parfois en burn-out.

Aspects positifs : la rapidité et l'efficacité. On a tendance à penser que la vitesse est un critère de réussite majeur. Et que seules les choses faites rapidement ont de la valeur. Cela l'aide à aller vite, à rester dans la dynamique du mouvement.

Aspects limitants : le risque de survoler les choses et de laisser des personnes à la traîne derrière soi.

⟫ Transformer le driver en reprogrammant son inconscient avec une phrase libératrice telle que : « Tu as le droit de prendre ton temps et de respecter tes limites. »

CLÉ

Devenir observateur de soi-même : en changeant son regard sur soi, on voit les choses autrement. Observez-vous avec bienveillance et compassion. Pardonnez-vous et pardonnez à celles et ceux qui vous « harcelaient » avec ces injonctions limitantes.

> Tout est changement, non pour ne plus être mais pour devenir ce qui n'est pas encore.

Epictète

EXERCICE

Comment réduire l'influence de vos croyances limitantes pour gagner durablement en liberté de pensée et d'action ?

Mise en place d'un plan d'action :

- Repérez parmi ces 5 drivers celui qui est le plus présent dans votre vie

- Identifiez un comportement qui vous gêne chez vous et qui est associé à ce driver

- Imaginez une nouvelle façon de vous comporter selon les clés libératrices inhérentes aux 5 blessures de l'âme

- Mettez en pratique ce nouveau comportement dès aujourd'hui (faites comme si cette ancienne croyance avait disparu). Répétez une phrase qui vous motive plusieurs fois dans la journée.

MÉDITATION

Voici une méditation pour couper les liens potentiellement toxiques, inutiles et préjudiciables avec les personnes de votre arbre généalogique, qui ont pu émettre ces drivers, ces injonctions limitantes :

Imaginez-vous debout au pied d'un majestueux arbre, dont les branches s'étendent fièrement dans le ciel. Cet arbre représente l'arbre généalogique de votre lignée familiale, porteur de nombreuses histoires et influences transmises de génération en génération.

Observez les liens qui pendent des branches de l'arbre, ces liens symbolisent les connexions avec vos ancêtres. Certains de ces liens sont lumineux et bienveillants, nourrissant et soutenant votre croissance.

Cependant, vous remarquez aussi la présence de liens sombres et toxiques, pesant sur vous et entravant votre épanouissement.

Prenez conscience de ces liens toxiques et observez comment ils peuvent affecter votre bien-être, votre confiance en vous et votre capacité à avancer dans la vie. Ressentez leur poids sur vos épaules et dans votre cœur.

Imaginez maintenant que vous tenez une paire de ciseaux dans vos mains. Ces ciseaux représentent votre pouvoir de couper les liens toxiques et les injonctions limitantes qui vous retiennent et qui ne vous servent plus.

Respirez profondément et, à chaque expiration, visualisez-vous coupant un à un ces liens toxiques qui pendent des branches de votre arbre généalogique. Sentez le soulagement et la légèreté qui accompagnent chaque coupe, libérant ainsi l'emprise des schémas et des énergies négatives du passé.

Observez comment ces liens coupés se transforment en poussière dorée qui se disperse dans l'air, emportant avec elle les influences néfastes et les charges émotionnelles qui ne vous appartiennent pas.

En coupant les liens toxiques, vous vous libérez des schémas répétitifs, des traumatismes anciens et des limitations héritées. Vous ouvrez la voie à la création d'une réalité nouvelle et plus alignée avec qui vous êtes vraiment.

Ressentez maintenant la légèreté qui s'installe en vous, la libération des poids du passé. Imaginez que les branches de l'arbre s'illuminent de nouvelles énergies positives, transmettant des vibrations de guérison, de force et de résilience.

Sachez que vous avez le pouvoir de choisir les liens que vous entretenez avec votre arbre généalogique.

Vous pouvez vous ancrer dans les valeurs positives et les héritages bienveillants, tout en vous détachant des influences nuisibles.

Prenez quelques instants pour ressentir cette nouvelle liberté et cette connexion renouvelée avec vous-même. Ressentez la force de votre être et la possibilité de tracer votre propre chemin à votre manière, indépendamment des schémas du passé.

Lorsque vous vous sentirez prêt(e), ramenez lentement votre attention à votre corps physique. Prenez une profonde inspiration, et à l'expiration, ouvrez doucement les yeux.

Sachez que vous pouvez revenir à cette méditation chaque fois que vous ressentez le besoin de vous détacher de liens toxiques et de cultiver une relation saine et équilibrée avec votre arbre généalogique.

Retrouvez cette méditation ci-dessous pour l'écouter à votre convenance, à chaque fois que vous en éprouvez le besoin.

ACTIVITÉ

Listez 10 croyances limitantes entendues durant votre enfance pour les comprendre et porter un autre regard sur vous-même, ainsi que sur la façon dont vous gérez certaines situations.
Faites cet exercice lors de situations irritantes, et listez quelques croyances, qu'elles soient positives et négatives.

Demandez-vous ensuite :

- De qui ai-je reçu cette croyance ? L'ai-je créée moi-même ?

- Dans quel type de comportement ou de situation cette croyance m'emmène-t-elle ?

- De quel type de situation cette croyance m'éloigne-t-elle ?

- Cette croyance est-elle limitante ?

- Est-ce que je souhaite la conserver ou m'en débarrasser ?

- Si je m'en débarrasse, par quelle croyance puis-je la remplacer pour qu'elle me soit utile ?

EXERCICE

Voici un exercice de démarche symbolique à travers une action physique pour se libérer d'une croyance limitante.

Identifiez la croyance limitante que vous souhaitez libérer. Par exemple : « Je ne suis pas assez compétent(e) pour réussir ».

Choisissez un lieu extérieur, comme un parc ou une forêt, où vous vous sentez à l'aise et en harmonie avec la nature.

Trouvez un objet symbolique qui représente votre croyance limitante. Il peut s'agir d'un petit objet que vous apporterez avec vous ou d'un élément naturel que vous trouverez sur place, comme une pierre ou une feuille.

Marchez tranquillement dans le lieu choisi, en vous connectant à vos sensations corporelles et à votre intention de vous libérer de cette croyance limitante.

Lorsque vous vous sentez prêt(e), arrêtez-vous à un endroit qui vous inspire, qui a une résonance ou qui vous paraît significatif.
Tenez l'objet choisi dans vos mains et observez-le attentivement. Prenez conscience de la croyance limitante qu'il représente.

Prenez une profonde inspiration et visualisez-vous en train de lâcher cette croyance. Imaginez-vous en train de la libérer et de la laisser s'envoler, comme si vous vous débarrassiez d'un fardeau.

Faites un geste symbolique pour représenter cette libération. Par exemple, vous pourrez lancer l'objet dans un cours d'eau, le déposer sur le sol ou le jeter au loin avec force.

Observez attentivement vos sensations corporelles, vos émotions et vos pensées après avoir effectué ce geste symbolique. Permettez-vous de ressentir un soulagement et un sentiment de libération.

Marchez encore un peu, en vous concentrant sur votre posture et votre mouvement, en vous connectant à votre corps et à la sensation de légèreté et de liberté intérieure que vous avez créée.

Cet exercice de démarche symbolique peut vous permettre de matérialiser votre volonté de vous libérer d'une croyance limitante. Il s'agit d'une pratique personnelle et subjective : si besoin, adaptez l'exercice en fonction de votre créativité et de ce qui résonne le mieux en vous.

Soyez ouvert(e) à l'expérience et permettez-vous de vivre pleinement le processus de libération et de transformation, en toute conscience et sans jugement.

POUR ALLER PLUS LOIN

La méthode Coué, également connue sous le nom de « méthode Coué d'autosuggestion consciente », est une approche de développement personnel et de transformation intérieure créée par Émile Coué, un psychologue et pharmacien français du 19e et du début du 20e siècle.

Cette méthode repose sur le pouvoir de l'autosuggestion positive pour influencer notre état d'esprit, notre comportement et notre bien-être.

La méthode Coué se base sur le principe que notre subconscient est particulièrement réceptif aux suggestions que nous nous faisons à nous-mêmes.

En utilisant des affirmations positives répétées et une attitude de confiance, nous pouvons influencer notre subconscient et ainsi améliorer notre état mental, émotionnel et physique.

Voici les principes clés de la méthode Coué :

La formule de base : la méthode Coué utilise la formule simple et répétitive « Tous les jours, à tous points de vue, je vais de mieux en mieux ». Cette affirmation positive est à répéter plusieurs fois par jour, de préférence le matin et le soir.

L'autosuggestion consciente : Coué encourage une autosuggestion consciente où nous répétons les affirmations de manière calme et concentrée, en nous connectant consciemment avec les mots et les idées que nous exprimons.

La confiance en soi : Coué souligne l'importance de la confiance en soi dans l'efficacité de l'autosuggestion. Il suggère que nous devons croire fermement en la puissance de nos propres suggestions pour qu'elles aient un effet bénéfique.

L'élimination de la volonté : contrairement à d'autres approches, la méthode Coué préconise de laisser de côté la volonté et de se laisser guider par les suggestions positives. Coué considère que la volonté seule peut être en conflit avec les suggestions positives, créant ainsi une résistance.

L'objectif de la méthode Coué est de reprogrammer notre subconscient en remplaçant les pensées négatives, les croyances limitantes ou les schémas de pensée destructeurs par des affirmations positives et constructives.

En renforçant régulièrement ces suggestions positives, il est possible d'améliorer la confiance en soi, la motivation, la gestion du stress, la santé mentale et physique, ainsi que d'autres aspects de notre vie.

Il convient de noter que la méthode Coué peut être utilisée en complément d'autres approches thérapeutiques, de techniques de relaxation ou de changement de comportement. Elle est relativement simple et peut être pratiquée individuellement, bien qu'une guidance appropriée et une compréhension des principes de base soient bénéfiques pour en tirer le meilleur parti.

POUR ALLER PLUS LOIN

Les accords toltèques sont un ensemble de principes de vie issus de la sagesse ancestrale des toltèques, une ancienne civilisation précolombienne du Mexique. Ces accords ont été popularisés par le livre « Les Quatre Accords Toltèques » écrit par Don Miguel Ruiz. Ils offrent un guide pratique pour vivre une vie épanouie, alignée avec nos valeurs et libérée des schémas de pensée limitants.

Voici les quatre accords toltèques :

Que votre parole soit impeccable : cet accord met l'accent sur l'importance de choisir nos mots avec soin. Il nous encourage à être conscients du pouvoir de nos paroles et à les utiliser pour créer des expériences positives. Il nous rappelle d'éviter les jugements, les critiques et les mensonges, et de privilégier des paroles de vérité, d'amour et d'encouragement.

Quoi qu'il arrive, n'en faites pas une affaire personnelle : cet accord nous invite à ne pas prendre les choses personnellement. Il nous rappelle que les actions et les paroles des autres sont le reflet de leurs propres croyances et expériences, et ne doivent pas être interprétées comme des attaques personnelles. En nous détachant des opinions des autres, nous pouvons éviter de nous sentir blessés ou frustrés inutilement.

Ne faites aucune supposition : cet accord nous encourage à éviter les suppositions et les interprétations erronées. Il nous invite à poser des questions, à clarifier nos malentendus et à communiquer ouvertement avec les autres. En évitant les suppositions, nous évitons les conflits et les malentendus inutiles.

Faites toujours de votre mieux : cet accord souligne l'importance de faire de notre mieux dans toutes les situations. Il nous rappelle que notre « mieux » peut varier d'un jour à l'autre en fonction de nos circonstances et de nos ressources. En nous engageant pleinement dans nos actions, en donnant le meilleur de nous-mêmes, nous pouvons éviter les regrets et cultiver une estime de soi saine.

Les accords toltèques offrent une voie vers la liberté personnelle, la sagesse et l'épanouissement.

En les intégrant dans notre vie quotidienne, nous pouvons développer des relations plus saines, une communication plus claire, une confiance en soi renforcée et une plus grande harmonie intérieure.

Il convient de noter que l'application des accords toltèques nécessite une pratique régulière et une conscience vigilante de nos pensées, de nos paroles et de nos actions.

En cultivant ces principes dans notre vie, nous pouvons créer un changement positif et durable tant au niveau personnel que dans nos relations avec les autres.

En ce qui me concerne, je les ai écrits sur un papier placé à un endroit que je ne pouvais éviter chaque matin et chaque soir. Cela m'a permis de les lire et les relire pour les intégrer, les apprendre par coeur, les appliquer consciemment jour après jour, et les transformer en habitude durable dans mon quotidien.

LE SAVIEZ-VOUS ?

Un tiers de notre vie est conditionné par les 5 minutes avant le sommeil.

Avec cette nouvelle information en tête, je vous invite à vous poser la question suivante avant de vous endormir : quel voeu l'univers exaucera et satisfera durant ma nuit ?

Ayez une sensation et une image claires et précises de ce que vous souhaitez pour la journée suivante, la semaine qui vient, le mois qui arrive, l'année à venir, en ressentant les émotions du résultat déjà atteint.

Voici une liste (non exhaustive) de dix bénéfices procurés par la relaxation consciente avant de s'endormir :

≫→ **Relaxation profonde** : en utilisant ces précieuses minutes avant le sommeil de manière intentionnelle et consciente, vous pouvez vous détendre profondément, relâcher les tensions et vous préparer à un repos réparateur.

⇶ **Réduction du stress** : profitez de ces instants pour pratiquer des techniques de relaxation telles que la respiration profonde, la méditation ou la cohérence cardiaque peut contribuer à réduire le stress accumulé tout au long de la journée.

⇶ **Meilleure qualité de sommeil** : en créant un rituel apaisant avant de vous coucher, vous pouvez améliorer la qualité de votre sommeil et favoriser un repos plus profond et réparateur.

⇶ **Libération des pensées négatives** : en prenant le temps de libérer les pensées négatives ou préoccupantes qui peuvent vous hanter, vous pouvez favoriser une attitude plus positive et vous débarrasser des ruminations mentales. Vous pouvez par exemple, les écrire sur un carnet pour les extirper de votre esprit, et en vous interrogeant sur la manière dont vous auriez pu gérer la situation différemment.

⇶ **Renforcement de l'estime de soi** : en utilisant ces minutes avant le sommeil pour vous rappeler vos accomplissements, vos forces et vos qualités, vous pouvez renforcer votre estime de soi et cultiver une attitude positive envers vous-même.

⇾ **Développement de la gratitude** : prenez le temps de réfléchir à ce pour quoi vous êtes reconnaissant dans votre vie avant de vous endormir peut amener un sentiment de gratitude qui contribue à votre bien-être général.

⇾ **Amélioration de la créativité** : profitez de ce temps calme pour laisser libre cours à votre imagination et à votre créativité. Vous pourriez découvrir de nouvelles idées, résoudre des problèmes ou simplement vous laisser emporter par des pensées positives.

⇾ **Renforcement des objectifs** : utilisez ces quelques minutes pour visualiser vos objectifs et vous connecter avec la personne que vous souhaitez devenir. Cela peut renforcer votre motivation et vous donner une clarté d'intention pour le lendemain.

⇾ **Équilibrage émotionnel** : si vous ressentez des émotions intenses, prenez le temps de les reconnaître, de les accepter et de les apaiser avant de vous endormir. Cela vous permettra de vous coucher avec un équilibre émotionnel plus serein.

➤ Renforcement du bien-être général : en mettant l'accent sur votre bien-être mental, émotionnel et physique pendant ces quelques minutes avant le sommeil, vous créez un environnement propice à une meilleure qualité de vie globale.

Il est important de souligner que ces pratiques peuvent varier d'une personne à l'autre, et qu'il est essentiel de réaliser celles qui vous conviennent le mieux et qui résonnent pour vous.

> La persévérance accepte l'échec,
> se relève et continue son chemin.

Lionnel Delon Dagbal

EXERCICE

Je vous propose un exercice de visualisation symbolique pour vous aider à libérer les pensées négatives avant de vous endormir.

En position allongée, prenez quelques instants pour vous détendre en respirant profondément. Laissez votre corps se relâcher et votre esprit se calmer.

Visualisation : imaginez-vous dans un endroit paisible et serein, comme un jardin luxuriant ou une plage tranquille. Visualisez les détails de cet endroit, les couleurs, les sons, les sensations. Ressentez pleinement, dans votre corps et votre esprit, la perception de plénitude que cela provoque en vous.

Symbolisme : imaginez-vous en train de tenir une boîte ou un coffre devant vous. Cette boîte représente toutes les pensées négatives et les soucis qui vous ont préoccupé pendant la journée.

Lâcher prise : visualisez-vous ouvrir la boîte et déposer toutes ces pensées à l'intérieur. Prenez le temps de les rassembler et de les placer consciemment dans la boîte.

Transformation : imaginez que la boîte se transforme en un ballon lumineux. Voyez comment les pensées négatives se transforment en lumière, en énergie positive et bienveillante.

Libération : laissez le ballon s'envoler doucement dans le ciel, emportant avec lui toutes les pensées négatives. Observez-le s'éloigner de plus en plus, devenant de plus en plus petit jusqu'à ce qu'il disparaisse complètement.

Remplissage positif : maintenant que vous vous êtes libéré des pensées négatives, imaginez-vous entouré d'une lumière blanche ou dorée, symbole de positivité et de paix. Respirez profondément cette lumière et sentez comment elle remplit tout votre être.

Affirmations positives : prenez quelques instants pour répéter des affirmations positives dans votre esprit. Par exemple, vous pouvez dire : « Je choisis de penser positivement. Je libère toutes les pensées négatives. Je suis calme et paisible. »

Prenez le temps de vous immerger dans cette sensation de paix et de positivité. Laissez-vous bercer par cette atmosphère bienfaisante et sentez-vous prêt(e) à vous endormir profondément et paisiblement.

Ajustez si besoin cet exercice en fonction de vos préférences et de ce qui résonne le plus avec vous. Pratiquez-le régulièrement pour renforcer votre capacité à libérer les pensées négatives avant de dormir et à favoriser un sommeil réparateur.

EXERCICE

Voici un autre exercice de visualisation symbolique pour vous aider à équilibrer vos émotions avant de vous endormir.

En position allongée, prenez quelques instants pour vous détendre en respirant profondément. Laissez votre corps se relâcher et votre esprit se calmer.

Visualisation : imaginez-vous dans un endroit qui vous inspire la paix et la tranquillité, comme un paysage dans la nature ou un endroit spécial pour vous. Visualisez les détails de cet endroit, les couleurs, les formes, les sons.

Centre d'équilibre : visualisez un point de lumière dans le centre de votre poitrine, juste au-dessus de votre cœur. Imaginez que cette lumière représente votre centre d'équilibre émotionnel.

Couleurs des émotions : maintenant, imaginez différentes couleurs qui représentent vos émotions. Chaque couleur est associée à une émotion spécifique. Par exemple, le bleu peut représenter la sérénité, le vert peut représenter la guérison, le rose peut représenter l'amour, etc...

Balancing Ball : visualisez une boule lumineuse devant vous, suspendue dans les airs. Cette boule est composée de différentes couleurs représentant vos émotions.

Harmonisation des couleurs : commencez à jouer avec les couleurs de la boule lumineuse, en les mélangeant et en les équilibrant. Imaginez que vous ajustez les couleurs pour créer un équilibre harmonieux et paisible.

Intention de guérison : pendant que vous équilibrez les couleurs, formulez une intention de guérison et d'équilibre émotionnel. Par exemple, vous pouvez dire mentalement : « J'harmonise mes émotions et je trouve un équilibre intérieur. Je laisse aller les tensions et je suis en paix. »

Assimilation : ressentez comment les couleurs équilibrées de la boule lumineuse se diffusent dans votre corps, nourrissant chaque cellule et équilibrant vos émotions. Permettez-vous de ressentir un profond calme et une sérénité intérieure.

Conclusion : prenez quelques instants pour profiter de cette sensation d'équilibre émotionnel et de paix intérieure. Sachez que vous pouvez revenir à cet exercice chaque fois que vous en ressentez le besoin. Laissez-vous maintenant glisser doucement dans un sommeil paisible et réparateur.

Pratiquez régulièrement cet exercice pour renforcer votre capacité à équilibrer vos émotions avant de dormir et à cultiver un état d'équilibre émotionnel dans votre vie quotidienne.

> Ce n'est pas parce que les choses sont difficiles que nous n'osons pas, c'est parce que nous n'osons pas qu'elles sont difficiles.

Sénèque

Chapitre 8

Identifier les croyances irrationnelles pour les pulvériser

Que sont les croyances irrationnelles ?

Les croyances irrationnelles sont des pensées ou des convictions qui ne sont pas basées sur des preuves ou des faits concrets. Elles sont souvent déformées, exagérées ou déconnectées de la réalité.

Ces croyances irrationnelles peuvent avoir un impact significatif dans la vie d'une personne, comme :

Distorsion de la réalité : les croyances irrationnelles peuvent amener une personne à voir les choses de manière déformée, exagérée ou biaisée. Cela peut influencer la façon dont elle interprète les événements, les actions des autres et les situations de la vie quotidienne.

Renforcement de la négativité : les croyances irrationnelles sont souvent négatives et limitantes, pouvant conduire à des pensées pessimistes, à une faible estime de soi et à des perceptions négatives de soi-même et des autres.

Rigidité mentale : elles peuvent rendre une personne inflexible dans sa façon de penser, qui peut avoir du mal à remettre en question ses croyances et à considérer d'autres perspectives. Cela limite sa capacité à s'adapter aux changements et à trouver des solutions alternatives.

Évitement des situations : les croyances irrationnelles peuvent amener une personne à éviter des situations ou des défis qui pourraient remettre en question ses croyances ou lui causer de l'anxiété. Cela peut restreindre son développement personnel et professionnel, en limitant les opportunités de croissance et d'apprentissage.

Impact sur les émotions : elles peuvent engendrer des émotions négatives telles que l'anxiété, la frustration, la colère ou la tristesse. Ces émotions peuvent influencer les comportements et les relations, et contribuer à un état de mal-être général.

Autocensure et auto-protection : les croyances irrationnelles peuvent conduire à l'autocensure et à l' auto-protection excessive. Une personne peut se retenir de prendre des risques, d'exprimer ses opinions ou de poursuivre ses objectifs par peur de l'échec, du rejet ou du jugement des autres.

Il est important de noter que les croyances irrationnelles peuvent être modifiées et remplacées par des croyances plus réalistes et positives.

Le travail sur les croyances irrationnelles fait partie intégrante du développement personnel et de la thérapie cognitive.

En remettant en question ces croyances et en développant de nouvelles pensées basées sur des preuves réelles, il est possible de transformer sa perception de soi, des autres et du monde, favorisant ainsi un plus grand bien-être et une meilleure qualité de vie.

• • • • • • • • • • • • • •

Voici ci-dessous une liste de croyances irrationnelles entraînant souvent des émotions telles que la déprime, l'anxiété, la honte, la culpabilité, la colère.

1. J'ai besoin d'être aimé. Je dois nécessairement être aimé et approuvé par presque toutes les personnes qui m'entourent.
2. Je dois réussir. Pour être reconnu(e) et avoir de la valeur, je dois être parfaitement compétent(e) ou performant(e) à tous les points de vue.
3. Les autres ne sont pas corrects. Certaines personnes sont mal intentionnées, méchantes, mauvaises… Elles devraient être punies.
4. C'est une catastrophe. Quand les choses ne vont pas comme je le souhaite, c'est terrible, horrible, catastrophique et insupportable.

5. Je suis une victime. Mon malheur est causé de l'extérieur et je n'y peux rien. Je n'ai aucun pouvoir sur ma colère, ma peine...

6. Je suis angoissé(e). Parce qu'une chose est ou peut devenir dangereuse, il est primordial que je m'en préoccupe. Si je m'inquiète suffisamment, cela devrait aller mieux.

7. C'est trop difficile. Il est plus facile d'éviter les difficultés et les responsabilités que d'y faire face.

8. C'est à cause de mon passé que je me sens si mal et que je me comporte de cette façon.

9. Il y a assurément une parfaite solution, cela devrait être autrement. Il y a une solution parfaite aux dures réalités de la vie et c'est une chose terrible de ne pas la trouver immédiatement.

10. C'est trop fatigant. On devrait vivre confortablement tout le temps et sans souffrance.

Examinez cette liste. Y a-t-il certaines de ces croyances nuisibles que vous entretenez ? En avez-vous d'autres à ajouter ?

Examinez vos croyances concernant les autres, la vie et vous-mêmes. Demandez-vous si elles sont utiles ou restrictives et nuisibles.

Notez que ces croyances sont restrictives si elles vous limitent dans l'atteinte de vos objectifs personnels, professionnels, vous empêchent de développer votre plein potentiel ou encore vous privent de bonheur.

EXERCICE

1) Identifiez vos croyances :

Écoutez votre discours intérieur, écrivez ce que vous dites. Vous réaliserez que c'est souvent irrationnel, irréaliste, exagéré et souvent inconscient.

Par exemple : « Je ne suis pas assez intelligent(e) pour avoir ce poste ».

2) Confrontez vos croyances avec les trois questions socratiques :

a) Est-ce vrai ?
Vérifiez les faits pour appuyer votre croyance. Où est la preuve de ce que vous vous dites ?

b) Est-ce bon ?
Est-ce bon pour votre moral, pour votre santé physique, pour votre estime de croire à cela ?

c) Est-ce utile ?
Est-ce que cette croyance vous aide vraiment à réussir ou est-ce qu'elle vous nuit ?

3) Remplacez votre croyance par une autre plus utile pour atteindre vos objectifs :
Exemple : « Si je prends le temps et m'investis pour développer mes compétences, je peux y arriver ».

4) Consolidez votre nouvelle croyance :
Vos vieilles croyances sont tenaces, vous devez prendre le temps de répéter vos nouvelles croyances souvent à votre cerveau.

5) Remarquez et appréciez :
Notez le changement dans votre énergie, votre estime, votre motivation et dans les résultats du fait de changer vos croyances.

> Avec un talent ordinaire et une persévérance extraordinaire, on peut tout obtenir.

Thomas Foxwell Buxton

Chapitre 9

Les bénéfices secondaires et la résistance au changement

Qu'est-ce qui nous empêche de changer ?

La résistance au changement est une réaction naturelle et courante chez les êtres humains. Elle se manifeste lorsque les individus sont confrontés à des modifications, des nouveautés ou des situations qui remettent en question leurs habitudes, leurs croyances ou leur zone de confort.

Quelques unes des principales raisons pouvant expliquer cette résistance au changement sont :

La peur de l'inconnu : on a tendance à préférer ce qui est familier et prévisible. Lorsque nous sommes confrontés à des changements, l'incertitude et la peur de ce qui est inconnu peuvent créer une résistance.

La perte de contrôle : les changements peuvent donner l'impression aux individus de perdre le contrôle sur leur environnement, leurs routines et leurs résultats. Cela peut générer une résistance, car nous avons besoin de nous sentir en maîtrise de notre vie.

Le confort et la familiarité : les habitudes et les routines offrent un sentiment de confort et de sécurité. Nous pouvons alors résister au changement simplement parce que nous sommes attachés à notre routine habituelle, même si elle n'est pas optimale.

La crainte des conséquences négatives : nous craignons que le changement entraîne des résultats négatifs tels que des pertes, des échecs ou des complications.

Les habitudes et les conditionnements : les habitudes sont difficiles à briser. Les schémas de pensée, les comportements et les réactions conditionnés par le passé peuvent rendre difficile l'adaptation à de nouveaux modes de fonctionnement.

Le manque de motivation ou d'engagement : si nous ne voyons pas clairement les avantages ou les raisons pour lesquelles le changement est nécessaire, nous pouvons manquer de motivation pour le mettre en œuvre, entraînant ainsi une résistance.

L'attachement émotionnel : chacun peut avoir un attachement émotionnel à une situation ou à une manière de faire particulière. Ce lien émotionnel peut rendre difficile l'acceptation et l'adaptation à un changement.

Il est important de noter que la résistance au changement peut varier d'une personne à l'autre en fonction de sa personnalité, de son expérience et de sa capacité d'adaptation. En comprenant les raisons sous-jacentes à cette résistance, il devient possible de mettre en place des stratégies pour la surmonter et faciliter une transition plus fluide.

Si vous désirez apprendre à ne plus résister au changement, posez-vous les questions suivantes :

⇒ Comment avez-vous envie de vous positionner dans la vie ?
⇒ Est-ce que vous voulez rentrer dans le moule ou oser en sortir ?
⇒ Est-ce que vous préférez faire ce qu'on vous dit et suivre le courant ou est-ce que vous acceptez de remettre en question le statu quo ?
⇒ Est-ce que vous êtes prêt(e) à repousser les limites de votre zone de confort, à sortir des clous et à casser vos habitudes ou rester à l'abri et au chaud dans votre cocon ?

Les raisons sous-jacentes à cette résistance sont appelées **bénéfices secondaires** ou **intentions positives**.

Les bénéfices secondaires font référence aux avantages ou aux gains indirects que chacun(e) peut tirer de comportements ou de situations qui peuvent sembler négatifs ou indésirables à première vue. Ces bénéfices peuvent être inconscients et souvent subtils, mais ils jouent un rôle important dans le maintien de ces comportements ou situations.

Il est parfois difficile d'en prendre conscience, de les observer et de les accepter. Ils nourrissent des facettes de nous-même que nous ne souhaitons pas forcément voir.

Voici les grandes lignes et tendances liées aux bénéfices secondaires :

⇛ **Confort et familiarité** : les comportements ou les situations familières peuvent offrir un sentiment de confort et de sécurité, même s'ils sont limitants ou néfastes à long terme. Les bénéfices secondaires ici sont liés au maintien d'une zone de confort connue.

⇛ **Attention et soutien** : certains comportements négatifs peuvent attirer l'attention et le soutien des autres. On peut alors se sentir valorisé, pris en charge ou écouté lorsqu'on adopte ces comportements, même s'ils ne sont pas bénéfiques pour soi-même ou pour notre entourage.

➻ **Évitement de responsabilités** : certains comportements ou situations peuvent permettre d'éviter les responsabilités, les attentes ou les pressions auxquelles les individus pourraient être confrontés autrement. Les bénéfices secondaires ici sont liés à la décharge de certaines responsabilités ou à l'évitement des conséquences liées à ces responsabilités.

➻ **Protection de l'estime de soi** : les comportements liés à une situation négative peuvent parfois servir à protéger une estime de soi fragile. Par exemple, une personne peut préférer ne pas essayer quelque chose de nouveau pour éviter l'éventualité d'un échec et préserver ainsi son estime de soi.

➻ **Évitement de changement** : les comportements ou les situations négatifs peuvent également servir à éviter le changement. Ils maintiennent les individus dans une zone de confort et évitent les défis ou les incertitudes associés à un changement potentiel.

➻ **Identité ou rôle défini** : certains comportements peuvent donner aux individus un sentiment d'identité ou de rôle défini. Ils peuvent se sentir plus à l'aise en se conformant à ces rôles, même s'ils sont nuisibles ou limitants.

Il est important de reconnaître les bénéfices secondaires afin de comprendre pourquoi certains comportements spécifiques ou situations indésirables sont maintenus malgré leur impact péjoratif, visible ou invisible, sur sa vie.

En identifiant ces bénéfices, on peut alors travailler sur des alternatives plus saines et plus bénéfiques pour soi-même, tout en comblant les besoins ou en obtenant les avantages recherchés d'une manière plus positive et constructive.

Une fois identifiés, ces bénéfices secondaires sont une mine d'informations pour comprendre certains de nos mécanismes.

Les bénéfices secondaires sont une forme d'inversion psychologique : le subconscient s'oppose à ce que vous résolviez un problème car il trouve des avantages à le faire perdurer.

Comme l'écrit Freud, « le symptôme arrive tout d'abord dans la vie mentale du patient comme un hôte indésirable ; il n'a aucune raison de l'accueillir. Et c'est bien pour cela qu'avec le temps il peut s'évanouir si aisément, comme de son propre gré. Au départ, il n'est d'aucune utilité pour la gestion interne du mental mais souvent il parvient secondairement à s'en trouver une : l'un ou l'autre flux mental, ou quoi que ce soit, trouve expédient de s'en servir. De cette manière, le symptôme obtient une fonction secondaire et, pour ainsi dire, s'incruste dans la vie mentale du patient. »

Il est fort possible qu'aucun jeu du troisième degré ne pourrait s'ancrer dans la vie du patient si celui-ci n'en tirait aucun bénéfice secondaire.

À retenir :
Nous n'avons pas conscience des bénéfices secondaires, jusqu'à ce que nous les identifions.

Nous créons ou acceptons certaines situations de façon inconsciente pour bénéficier de leurs conséquences.

Observer et comprendre nos bénéfices nous permet la remise en question de nos actes ainsi que leurs buts.

Voici une liste des 12 bénéfices secondaires identifiés comme étant les plus importants et connus :

1. L'habitude : zone de confort, peur d'en sortir
2. La flemme : je ne veux pas me donner les ressources ou fournir les efforts

3. **L'intensité** : mon problème me permet de me sentir vivant(e) (exaltation)

4. **La fidélité** : à la famille (maladie, argent), lien entre les différentes générations

5. **L'exutoire** : mon problème est un symptôme d'un autre problème (fume des joints mais ne peut pas arrêter car exutoire d'un malaise intérieur qu'il n'a pas envie de résoudre)

6. **La protection, l'excuse, l'évitement** : mon problème me protège d'un autre problème (malade pour ne pas prendre la responsabilité de sa vie)

7. **La distraction** : mon problème occupe mon esprit et m'empêche de penser à mon vrai problème (quelqu'un qui travaille beaucoup pour ne pas ressentir et affronter ses blessures, ses souffrances)

8. **L'identité** : mon problème me donne une raison d'être, une identité (personne ayant un cancer et qui va en parler : de quoi d'autre parlerait-elle si elle n'avait pas cette maladie ?)

9. **La reconnaissance** : une personne ayant des difficultés et qu'on appellera une "battante", cherche peut-être la reconnaissance d'autrui

10. **L'amour connexion** : il me permet le lien avec les autres, leur sympathie, leur compassion,...

11. **La punition** : mon problème est une manière de payer une faute, réelle ou imaginaire, que j'ai commis

12. **La capacité** : mon problème me prouve que je suis capable de lui faire face (être débrouillard)

En général, **un bénéfice secondaire cache un besoin** non alimenté, non entretenu ni choyé.

Selon la Communication Non Violente (CNV), un besoin est un élément fondamental de la nature humaine qui constitue la source de nos motivations et de nos actions.
Les besoins sont considérés comme universels et communs à tous les êtres humains, indépendamment de leur culture, de leur contexte ou de leurs expériences individuelles.

Dans le cadre de la CNV, les besoins sont considérés comme étant à l'origine de nos sentiments et de nos comportements. Lorsque nos besoins sont satisfaits, nous ressentons généralement des émotions positives telles que la joie, la satisfaction et la tranquillité.
En revanche, lorsque nos besoins ne sont pas satisfaits, nous pouvons éprouver des émotions négatives telles que la colère, la frustration ou la tristesse.

Les besoins peuvent être de nature physique, émotionnelle, intellectuelle, relationnelle, spirituelle, ou encore liés à l'environnement.

Par exemple, nous pouvons avoir besoin de sécurité, d'amour, de respect, de reconnaissance, de contribution, d'autonomie, de créativité, de connexion, de justice, d'équilibre, etc.

La CNV encourage l'identification et l'expression consciente de nos besoins, ainsi que la prise de conscience de ceux des autres. En reconnaissant nos besoins fondamentaux et ceux des autres, nous pouvons chercher des solutions qui permettent de satisfaire les besoins de toutes les parties impliquées, favorisant ainsi une communication et des relations harmonieuses.

Il est important de noter que la CNV distingue les besoins des stratégies utilisées pour les satisfaire. Les stratégies sont les actions spécifiques que nous mettons en œuvre pour répondre à nos besoins.

Les questions suivantes vous aideront à découvrir la présence de bénéfices secondaires, et par conséquent, des besoins à nourrir :

➻ Quels sont les avantages possibles à conserver ce problème ?
➻ Quels désavantages pourraient survenir si la solution à ce problème était trouvée ?

⇒ Que s'est-il passé la dernière fois que vous avez mis en place la solution d'un problème ?
⇒ Est-ce que les autres sauront encore qui vous êtes sans ce problème ?
⇒ Est-ce que vous saurez encore qui vous êtes, sans ce problème ?
⇒ De quelle manière le fait de ne plus avoir ce problème vous rend sans importance, ou trop conforme, ou trop différent(e) ?
⇒ De quelle manière le fait de ne plus avoir ce problème serait malsain... dangereux... cause de stress... cause d'insécurité... d'incertitude... vous basculerait dans l'inconnu ?
⇒ Est-ce que le fait de trouver la solution à votre problème changerait quelque chose dans les attentes que les gens ont envers vous ?
⇒ Est-ce que cela changera vos attentes envers vous-même ?

Choisissez l'un des bénéfices secondaires auquel vous vous identifiez le plus (sachant qu'il est possible d'en avoir plusieurs, auquel cas faites l'exercice pour chacun d'entre eux).

Demandez-vous alors :
⇒ Quel besoin fondamental ce bénéfice secondaire cache-t-il ?

Qu'est-ce que cela vous fait de connecter ce bénéfice secondaire avec ce besoin ? Est-ce que cela résonne ? Si oui, quelle(s) solution(s) pouvez-vous mettre en place pour nourrir ce besoin ?

Fermez les yeux et accorder de la place à ce besoin, donnez-vous le droit à ce besoin, reconnaissez qu'il est important pour vous.

Exemple de bénéfices secondaires cachés :

⋯➤ Si je rencontre un homme marié, cela m'évite de m'engager ⋯➤ pourquoi ?
⋯➤ Parce que si je m'engage, j'ai peur de trop me dévoiler et m'attacher ⋯➤ pourquoi ?
⋯➤ Si je me dévoile trop et si je m'attache, j'ai peur d'être trahie ⋯➤ pourquoi ?
⋯➤ Car lorsque j'étais enfant, j'ai été dans une situation qui m'a fait me sentir trahie et j'ai perdue confiance en la personne
⋯➤ besoin de sécurité, de confiance en l'autre et en soi, d'être rassurée

Pour vous guider, voici une sélection de 20 besoins fondamentaux (liste non exhaustive, il est conseillé de vous référer à une liste plus détaillée et plus précise – scannez le QR code ci-après – afin de déterminer le ou les besoins à nourrir) :

- **Besoin de sécurité** : se sentir en sécurité sur les plans physique, émotionnel et matériel.
- **Besoin d'amour et d'appartenance** : se sentir aimé, accepté et connecté aux autres.
- **Besoin d'estime de soi** : se sentir valorisé, respecté et avoir confiance en ses capacités.
- **Besoin d'autonomie** : avoir la liberté de faire ses propres choix et de prendre des décisions.
- **Besoin de reconnaissance** : être reconnu et apprécié pour ses accomplissements et sa contribution.
- **Besoin de contribution** : se sentir utile et avoir un impact positif sur les autres et le monde.
- **Besoin d'intimité** : partager des moments intimes et authentiques avec des personnes significatives.
- **Besoin de sens** : trouver un sens à sa vie, avoir un but et des valeurs qui guident ses actions.
- **Besoin de créativité** : exprimer sa créativité et sa capacité à innover.
- **Besoin d'apprentissage** : se développer, acquérir de nouvelles compétences et connaissances.

- **Besoin de connexion** : se sentir connecté à quelque chose de plus grand que soi (nature, spiritualité, etc.).
- **Besoin de stimulation** : être exposé à des expériences nouvelles et enrichissantes.
- **Besoin d'équilibre** : trouver un équilibre entre travail, repos, relations et autres domaines de sa vie.
- **Besoin de plaisir** : ressentir des moments de joie, de détente et de plaisir.
- **Besoin d'intégrité** : vivre en accord avec ses valeurs et agir de manière congruente.
- **Besoin d'aventure** : chercher de nouvelles expériences et des défis excitants.
- **Besoin de paix intérieure** : cultiver la tranquillité d'esprit et la sérénité intérieure.
- **Besoin de communauté** : faire partie d'une communauté ou d'un groupe qui partage des intérêts communs.
- **Besoin d'équité** : rechercher la justice et l'équité dans les relations et les interactions.
- **Besoin d'épanouissement personnel** : réaliser son potentiel et vivre une vie épanouissante.

LISTE PLUS COMPLÈTE DES BESOINS

http://blog.judytaiana.fr/wp-content/uploads/2010/09/Liste-des-besoins-conf%C3%A9rence.pdf

Parmi d'autres outils et ressources pour vous aider à identifier les bénéfices secondaires et les transformer en positif, vous trouverez également :

⇉ Le journal d'exploration :

Prenez un moment chaque jour pour tenir un journal dans lequel vous réfléchissez à vos comportements, habitudes ou situations indésirables.

Posez-vous des questions telles que : « Quels sont les avantages ou les bénéfices que je retire de cette situation ou de ce comportement ? », « Comment cela me fait-il me sentir ? », « Quels sont les besoins que cela comble pour moi ? ».

Écrivez vos réflexions honnêtement, sans jugement. Faites preuve de curiosité et d'ouverture pour découvrir les bénéfices secondaires sous-jacents.

⇉ Le dialogue intérieur :

Prenez un moment calme pour vous connecter avec vous-même. Identifiez un comportement ou une situation négative que vous aimeriez transformer.
Posez-vous la question : « Quels sont les bénéfices que je pense obtenir de ce comportement ou de cette situation ? ».

Écoutez attentivement votre voix intérieure et notez les réponses qui vous viennent à l'esprit, même si elles semblent illogiques ou irrationnelles sur le moment. Analysez ces bénéfices et demandez-vous comment vous pourriez les obtenir d'une manière plus positive et constructive.

⇒ L'exploration avec un coach ou un thérapeute :

Collaborez avec un coach ou un thérapeute peut également fournir une perspective externe et un soutien dans l'identification des bénéfices secondaires.
Partagez vos préoccupations et vos comportements indésirables avec un professionnel et demandez-lui de vous aider à identifier ces avantages cachés.

En travaillant ensemble, vous pouvez explorer en profondeur les motivations, les besoins et les croyances sous-jacentes qui contribuent à ces bénéfices secondaires.

Le coach ou le thérapeute peut vous aider à trouver des alternatives saines et positives pour satisfaire et nourrir ces besoins, tout en vous soutenant dans votre transformation personnelle.

En reconnaissant ces bénéfices, vous pouvez commencer à explorer des alternatives plus positives et à transformer progressivement ces schémas en des comportements plus constructifs et épanouissants.

Sur le chemin de votre transformation intérieure, s'engager dans un processus d'auto-réflexion et rechercher un soutien professionnel peut être nécessaire pour faciliter et accélérer cette évolution.

> L'être d'un être est de persévérer dans son être.

Baruch Spinoza

Quels bénéfices prodiguent les mouvements oculaires ?

Les mouvements oculaires bilatéraux son utilisés dans diverses approches thérapeutiques et de développement personnel, notamment l'intégration du mouvement des yeux et de la programmation neuro-linguistique (PNL). Ils impliquent le déplacement des yeux de manière synchronisée de gauche à droite ou de manière alternée entre les deux yeux.

Les bénéfices associés à cette pratique sont :

»+ **Stimulation des hémisphères cérébraux** : les mouvements oculaires bilatéraux stimulent les deux hémisphères du cerveau en favorisant la communication et l'intégration entre eux. Cela peut faciliter l'accès à différentes parties de l'esprit et permettre une approche plus globale et holistique du traitement des expériences et des schémas mentaux.

»+ **Réduction du stress et de l'anxiété** : ces mouvements peuvent aider à calmer le système nerveux et à réduire les niveaux de stress et d'anxiété. Ils favorisent une sensation de relaxation et peuvent aider à réguler les émotions en stimulant le système de régulation du stress du corps.

➢ **Déprogrammation des réponses conditionnées** : ils sont souvent utilisés pour aider à déprogrammer les réponses conditionnées et les schémas de pensée limitants. Ils peuvent contribuer ainsi à dissocier les émotions négatives des souvenirs et à reprogrammer de nouvelles réponses plus positives et aidantes.

➢ **Intégration des expériences traumatiques** : les mouvements oculaires bilatéraux sont couramment utilisés dans l'intégration du mouvement des yeux (EMDR), une approche thérapeutique spécifique aux traumatismes. Ils aident à l'intégration et au traitement des expériences traumatisantes en facilitant le mouvement de l'information entre les différents systèmes de mémoire du cerveau.

➢ **Amélioration de la concentration et de la performance mentale** : ils peuvent aider à améliorer la concentration, la mémoire et la performance mentale en renforçant la connectivité entre les différentes régions du cerveau. Ils favorisent la coordination et l'équilibre des fonctions cérébrales, ce qui peut conduire à une meilleure clarté mentale et à une plus grande efficacité cognitive.

Il convient de noter que les mouvements oculaires bilatéraux peuvent être utilisés de différentes manières et dans différents contextes, en fonction de l'approche thérapeutique ou du protocole spécifique. Ils peuvent être utilisés en complément d'autres techniques ou exercices de développement personnel pour renforcer les effets de guérison et de transformation.

Il est toutefois recommandé de pratiquer les mouvements oculaires bilatéraux sous la supervision d'un professionnel qualifié qui peut guider et adapter l'exercice en fonction des besoins individuels.

EXERCICE

Je vous propose un exercice facile pour ancrer un programme délibéré (choisi en fonction de ce que vous souhaitez changer) grâce à 9 mouvements oculaires.

Prenez le temps de découvrir les étapes suivantes avant de réaliser cette pratique.

Déterminez votre nouveau programme, votre objectif (émis en phrase simple, courte et positive), et dites cette phrase à voix haute, en mettant votre main gauche sur le front, et votre main droite sur l'arrière de la tête.

Parlez sur l'expiration, soyez concentré(e) sur ce que vous dites, portez toute votre attention sur les mots que vous prononcez, en ressentant corporellement ce que vous dites.

Répétez votre objectif, votre phrase courte et positive, en suivant ces 9 positions oculaires :

1 devant (tout droit)
2 en haut
3 en haut à gauche
4 côté latéral gauche
5 en bas à gauche
6 en bas
7 en bas à droite
8 à droite
9 en haut à droite
1 devant (tout droit)

Clôturer en disant « et il en est ainsi ».

S'il arrive que votre esprit s'égare, dites de nouveau votre phrase dans la position où cela est arrivé.

Si une douleur est ressentie, c'est bon signe ! C'est que quelque chose est en train de lâcher et que le nouveau programme est en train de s'inscrire.

Ceci est une programmation : tous les matins pendant 7 jours, faites cet exercice en vous regardant dans un miroir et en récitant votre objectif (sans toutefois refaire les positions oculaires).

Il est recommandé de ne faire qu'un seul programme par jour.

DROITE
Images construites

GAUCHE
Images remémorées

Visualisation d'une image imaginée

Visualisation d'une image remémorée

Construction d'un son

Mémoire d'un son

Kinesthésie - Vérification des sentiments

Kinesthésie - Dialogue interne

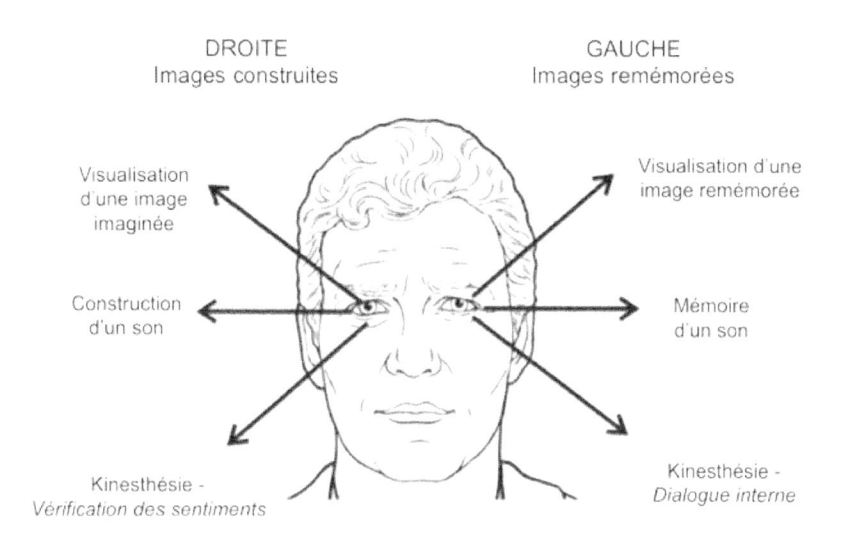

Pourquoi ces mouvements ?
Quelles sont leur signification et leur impact ?

Gauche haut : visuel remémoré, souvenir d'une image connue (exemple : dernier cadeau d'anniversaire)

Gauche latéral : auditif remémoré, souvenir d'un son (exemple : l'ancienne sonnerie de son téléphone)

Gauche bas : dialogue interne, la personne se parle intérieurement (quand on se demande ce qu'on veut faire)

Droite haut : visuel créé, la personne imagine et se construit une nouvelle image (exemple : imaginer son grand-père sauter en parachute et en buvant un sirop en même temps)

Droite latéral : auditif créé, la personne construit un nouveau son (exemple : imaginer le son d'un mot à l'envers)

Droite bas : kinesthésique, la personne fait attention au toucher, aux sensations (exemple : remarquer la température de ses doigts)

Parmi d'autres exercices utilisant les mouvements oculaires pour faciliter la déprogrammation de l'inconscient, il existe également "l'intégration oculaire bilatérale".

Voici comment réaliser un exercice en utilisant cette technique :

Trouvez un endroit calme et confortable où vous pourrez vous asseoir ou vous tenir debout en toute tranquillité.

Identifiez la croyance limitante ou le schéma de pensée que vous souhaitez déprogrammer, et remplacez-la par une croyance plus positive et aidante.

Fermez les yeux et concentrez-vous sur la croyance limitante que vous souhaitez changer. Observez comment cela se manifeste dans votre esprit et dans votre corps.

Maintenant, ouvrez les yeux et choisissez un point fixe devant vous, situé à environ un mètre devant, à hauteur des yeux.

Commencez à effectuer des mouvements oculaires de gauche à droite, en suivant le point fixe avec vos yeux, sans bouger la tête. Faites ces mouvements de manière fluide et régulière.

Tout en effectuant les mouvements oculaires, répétez à voix haute ou dans votre tête une affirmation ou une nouvelle croyance positive qui représente le changement que vous souhaitez réaliser. Par exemple, « je suis confiant(e) et capable de réussir dans tous les domaines de ma vie ».

Continuez à effectuer les mouvements oculaires de gauche à droite pendant quelques minutes tout en répétant votre affirmation positive.

Une fois que vous avez terminé, fermez les yeux et prenez quelques instants pour vous recentrer et ressentir les sensations dans votre corps.

Cet exercice utilise les mouvements oculaires bilatéraux pour stimuler les deux hémisphères de votre cerveau, ce qui facilite la déprogrammation de l'inconscient et l'ancrage de nouvelles croyances positives.

Répétez cet exercice régulièrement, de préférence une fois par jour pendant plusieurs semaines, pour renforcer l'effet et faciliter le changement souhaité.

Rappelez-vous que cet exercice est une pratique complémentaire et ne remplace pas une assistance professionnelle appropriée si vous rencontrez des problèmes plus profonds ou persistants.
Si vous ressentez le besoin d'un soutien supplémentaire, consultez un thérapeute ou un coach qualifié pour vous accompagner dans cette démarche.

DÉMARCHE SYMBOLIQUE

Le scénario idéal (conversation téléphonique) :

En reprenant l'un des objectifs déterminé précédemment, écrivez votre scénario idéal en imaginant une conversation téléphonique avec une personne qui vous est chère (parent, ami proche,...), et à qui vous annonceriez cette super nouvelle (en l'occurence, l'objectif que vous avez choisi a été atteint !).

Pensez à écrire en ressentant toutes les émotions en lien avec cette superbe nouvelle. **Imaginez-vous vivre vraiment cette situation.**

AFFIRMATIONS POSITIVES ET MÉDITATION

Voici une méditation pour apaiser le mental et changer ses croyances limitantes en positives :

Installez-vous confortablement dans un endroit calme, fermez les yeux et commencez à prendre conscience de votre respiration. Ressentez l'air entrer et sortir de votre corps, en permettant à votre souffle de devenir de plus en plus calme et régulier. Laissez les tensions se relâcher et accueillez la tranquillité qui s'installe.

Visualisez-vous entouré(e) d'une lumière apaisante, une lumière qui émane de votre être intérieur. Cette lumière représente votre essence pure, votre sagesse et votre potentiel infini. Permettez à cette lumière de vous envelopper doucement, vous réconfortant et vous apaisant profondément.

Prenez maintenant conscience des croyances limitantes qui peuvent être présentes dans votre esprit.

Permettez-vous de les observer sans jugement, simplement en prenant conscience de leur existence. Ressentez l'impact qu'elles ont sur vous, tant sur le plan émotionnel que mental.

Imaginez maintenant une brume légère qui s'approche de vous. Cette brume représente la libération de ces croyances limitantes. À chaque inspiration, visualisez cette brume entrer dans votre corps, dissolvant les croyances limitantes et les emportant avec elle à chaque expiration. Ressentez la brume purificatrice vous traverser, vous élevant vers un état de clarté et de libération.

Choisissez maintenant une croyance positive et aidante que vous souhaitez intégrer à la place de la croyance limitante. Visualisez cette nouvelle croyance comme une graine plantée dans votre esprit. Imaginez-la en train de grandir, de s'épanouir et de s'enraciner profondément en vous. Ressentez la puissance de cette nouvelle croyance qui vous apporte soutien, confiance et alignement.

Percevez au loin une douce musique qui accompagne cette méditation. Cette musique représente l'harmonie entre votre esprit et votre corps, vous aidant à vous connecter à votre moi intérieur et à renforcer cette nouvelle croyance positive.

Permettez à la musique de vous envelopper, vous transportant dans un état de relaxation profonde et de transformation.

Répétez mentalement une affirmation positive en lien avec votre nouvelle croyance. Par exemple, « je suis digne de réussir dans tous les domaines de ma vie », ou « je suis en mesure de réaliser mes rêves et de créer ma réalité ». Répétez cette affirmation plusieurs fois, en ressentant chaque mot résonner dans votre être.

Prenez maintenant quelques instants pour rester dans cet état de calme et de sérénité, baignant dans la lumière intérieure qui vous entoure. Permettez à ces nouvelles croyances positives de s'ancrer profondément en vous, de vous guider et de vous soutenir dans votre cheminement.

Lorsque vous vous sentirez prêt(e), ramenez lentement votre attention à votre corps physique, en ressentant le contact avec la surface sur laquelle vous êtes assis(e) ou couché(e). Prenez une profonde inspiration, et à l'expiration, ouvrez doucement les yeux.

Prenez le temps de reconnaître et de célébrer chaque petit pas vers votre métamorphose intérieure.

Je vous encourage à intégrer cette pratique régulièrement dans votre routine pour nourrir vos croyances positives et vous connecter à votre véritable nature. Soyez doux(ce) avec vous-même et rappelez-vous que vous avez le pouvoir de changer vos croyances et de créer une réalité épanouissante et alignée avec votre être.

Retrouvez cette méditation au format MP3 pour l'avoir toujours avec vous quand vous en éprouvez le besoin.

EXERCICE

Sur la base du blason ci-dessous, créez celui qui vous représente :

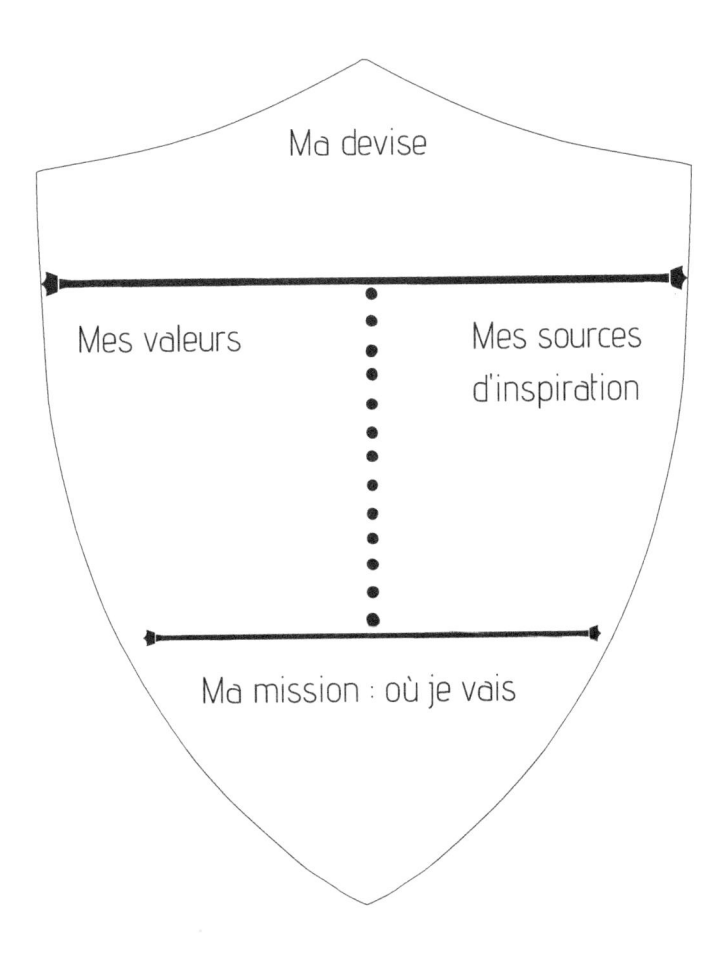

Ma devise

Mes valeurs

Mes sources d'inspiration

Ma mission : où je vais

> Le bonheur ne s'offre pas,
> il est en chacun de nous.

Taha-Hassine Ferhat

Chapitre 10

Lettre d'engagement envers soi-même

Écrivez une lettre d'engagement envers vous-même

Reprenez l'un de vos objectifs déterminé précédemment, en écrivant votre première phrase de cette manière :

« Ce que je veux accomplir c'est…(rencontrer un homme que j'aime et qui m'aime, apprendre à faire du deltaplane, me former en viticulture, gagner en minceur, trouver un métier plus en accord avec mes valeurs,…) »

Puis continuez de cette façon :
« Moi, XXX (votre prénom), je suis prêt(e) à enlever tous les obstacles qui se trouvent entre moi et la réalisation de tous ces buts et résultats à atteindre. J'attire maintenant les gens, les endroits, les situations, les moments et les choses parfaites pour me soutenir dans ces projets.
Date + signature »

Vous pouvez ensuite afficher cette lettre pour la voir régulièrement, ou la garder dans un livre, un cahier, que vous saurez retrouver pour la relire si besoin, ou pas.

EXTRAIT

« Imaginez que vous vous donnez soudain le droit d'être furieusement heureux.

Oui, imaginez une seconde que vous n'êtes plus l'otage de vos peurs, que vous acceptez les vertiges de vos contradictions.
Imaginez que vos désirs gouvernent désormais votre existence, que vous avez réappris à jouer, à vous couler dans l'instant présent. Imaginez que vous savez tout à coup être léger sans jamais être frivole.

Imaginez que vous êtes résolument libre, que vous avez rompu avec le rôle asphyxiant que vous croyez devoir vous imposer en société.

Vous avez quitté toute crainte d'être jugé. Imaginez que votre besoin de faire vivre tous les personnages imprévisibles qui sommeillent en vous soit enfin à l'ordre du jour.

Imaginez que votre capacité d'émerveillement soit intacte, qu'un appétit tout neuf, virulent, éveille en vous mille désirs engourdis et autant d'espérances inassouvies.

Imaginez que vous allez devenir assez sage pour être enfin imprudent.

Imaginez que la traversée de vos gouffres ne vous inspire plus que de la joie. »

Alexandre Jardin – Le zubial

MÉDITATION

Voici une méditation pour changer votre façon de voir les choses, avoir confiance en la vie et apprendre à vous détacher des événements :

Installez-vous confortablement dans un endroit calme où vous pourrez être tranquille et en paix pendant un moment. Fermez doucement les yeux et commencez à vous concentrer sur votre respiration.
Prenez conscience du flux régulier de votre souffle, en l'observant entrer et sortir de votre corps.

Visualisez-vous debout, au bord d'un paisible lac, entouré(e) par la nature. Ressentez la présence réconfortante de la Terre sous vos pieds. Laissez le calme du lac et la beauté de votre environnement vous remplir d'une profonde tranquillité.

Imaginez maintenant que vous tenez dans vos mains une boîte vide. Cette boîte symbolise tous vos soucis, vos préoccupations et les événements qui vous pèsent.

Prenez un moment pour les observer, les voir clairement, mais sans vous y attacher émotionnellement. Un par un, déposez chaque souci qui vous pèse dans la boîte.

Permettez-vous de les relâcher, de les lâcher, en vous libérant de leur emprise sur vous. Visualisez chaque souci se dissoudre dans la boîte, disparaissant ainsi de votre vie.

Imaginez maintenant que vous vous tenez au-dessus du lac, avec la boîte vide toujours entre vos mains. Respirez profondément et, à chaque expiration, ouvrez vos mains et laissez la boîte glisser de vos doigts, tombant dans le lac paisible.

Observez comment la boîte coule doucement dans l'eau, s'enfonçant de plus en plus profondément. Remarquez comment chaque souci qu'elle contenait se dissout, se transformant en énergie positive et libératrice.

Ressentez un sentiment de légèreté alors que vous vous libérez de vos soucis et vous détachez des événements. Sachez que vous avez le pouvoir de choisir comment vous réagissez et comment vous percevez les situations qui se présentent à vous.

Imaginez maintenant une douce lumière dorée qui émane du lac et vous entoure complètement.

Cette lumière représente la confiance en la vie, la sagesse intérieure et l'acceptation de ce qui est. Ressentez comment elle vous apaise, vous réconforte et vous guide.

Répétez mentalement les affirmations suivantes, en les ressentant profondément : « je fais confiance au flux de la vie. Je me détache des événements et je reste aligné(e) avec ma paix intérieure. Je choisis de voir les situations avec un regard positif et empreint de gratitude. »

Prenez maintenant quelques instants pour rester dans cet état de calme et de sérénité, en étant connecté(e) à la confiance en la vie et à votre pouvoir de choisir votre perception des choses.

Lorsque vous vous sentez prêt(e), ramenez lentement votre attention à votre corps physique. Prenez une profonde inspiration, et à l'expiration, ouvrez doucement les yeux.

Sachez que vous pouvez revenir à cette méditation chaque fois que vous avez besoin de vous détacher des événements et de renforcer votre confiance en la vie.

Nourrissez-vous de cette sérénité et de cette perception positive pour créer une réalité empreinte de paix et de gratitude.

Retrouvez cette méditation ci-dessous au format MP3 pour l'écouter à votre convenance, à chaque fois que vous en éprouvez le besoin.

MANDALA & AFFIRMATIONS POSITIVES

Vous l'aurez certainement compris, la répétition des croyances aidantes et positives favorise la reprogrammation de votre inconscient.

C'est en ce sens que je vous propose un audio reprenant une série d'affirmations positives, à écouter de préférence en réalisant un mandala ou en coloriant librement ce qui vous inspirera sur le moment.

Il est également possible de les écouter lorsque vous faites quelque chose : marcher, faire la vaisselle, ou toute autre action ne nécessitant pas de réflexion profonde.

Le but est d'occuper votre esprit, votre mental, pour que la porte de votre inconscient puisse s'ouvrir et accueillir ces pensées positives.

Scannez le QR code ci-dessous pour télécharger et écouter l'audio d'affirmations positives, et y avoir accès à votre convenance, selon vos besoins ou vos envies.

Conclusion

Dans ce livre, nous avons exploré certains défis rencontrés par les multipotentiels, liés aux croyances limitantes. Nous avons découvert que ces croyances peuvent entraver leur plein épanouissement et empêcher l'expression de leur pouvoir créateur.

Toutefois, nous avons également réalisé que la libération de ces croyances limitantes est possible, accessible à chacun et chacune, et qu'elle ouvre la voie à un potentiel illimité.

En parcourant les différentes étapes, exercices et techniques pratiques proposés dans cet ouvrage, vous avez été invité à vous plonger dans votre propre univers intérieur, à identifier vos croyances limitantes et à les remettre en question.

Vous avez appris à reconnaître des bénéfices cachés qui vous retiennent et découvert des outils puissants pour les transformer en croyances aidantes et libératrices.

La prise de conscience de l'impact des croyances limitantes sur votre vie sera un premier pas vers la libération et votre métamorphose.

En intégrant et en pratiquant au fur et à mesure les principes de la visualisation créative, de l'auto-compassion, de questionnement précis et des autres exercices proposés, vous reprendrez progressivement le contrôle de votre propre narration intérieure.

En explorant d'autres approches telles que la méditation, les mouvements oculaires bilatéraux et les démarches symboliques, cela vous a peut-être permis de dénouer des blocages émotionnels profonds et de reprogrammer votre inconscient de manière positive.

Libre à vous de continuer à explorer ces ressources avec des professionnels, et creuser davantage au fond de votre être pour pulvériser d'autres croyances ou schémas répétitifs.

En retrouvant confiance en vous-même ainsi qu'une connexion profonde avec votre véritable essence, vous apprendrez alors à embrasser votre diversité de talents et de « super pouvoirs », pour les intégrer harmonieusement dans votre vie.

Je vous souhaite de naviguer avec aisance sur la mer des Possibles, entre vos différentes passions et intérêts, de les exploiter pleinement et les mettre au service de votre épanouissement personnel et de votre contribution au monde..

Ce livre a été conçu pour être bien plus qu'un simple guide théorique. Il a été conçu pour offrir des ressources pratiques et des outils concrets aux multipotentiels désireux de se libérer de leurs croyances limitantes et de vivre une vie authentique, épanouissante et alignée avec leur véritable potentiel.

Que ce livre vous ait inspiré, que vous ayez trouvé en lui des réponses et des clés pour éradiquer vos propres croyances limitantes, et que vous puissiez maintenant embrasser pleinement votre pouvoir créateur.

Souvenez-vous que vous êtes un être unique, doté d'une multitude de talents et de passions, prêt à laisser briller votre lumière et à contribuer au monde de manière significative.

Je vous encourage à continuer votre cheminement, à explorer votre potentiel sans limites et à partager votre voyage avec votre entourage, pour qu'ils puissent également bénéficier de votre expérience.

Ensemble, nous pouvons créer un monde où chacun peut s'épanouir pleinement et réaliser ses rêves les plus audacieux.

Je vous souhaite une bonne route et bel éveil transformateur de conscience. Puissiez-vous vivre une vie remplie de sens, d'amour, de joie et de réalisations extraordinaires.

Avec gratitude et bienveillance,
Mélanie Bourquin

> Ce qu'on obtient en atteignant nos objectifs n'est pas aussi important que ce que l'on devient en les atteignant.

Zig Ziglar

POUR ALLER PLUS LO1N

Découvrez les cahiers d'activités pour multipotentiels et augmentez semaine après semaine confiance en soi, estime et amour de soi.

Disponibles ici : www.etreillimite.ch

Découvrez le cahier « Mandalas & Inspirations » pour vous immerger totalement dans un état méditatif en écoutant des affirmations positives.

Vous pourrez, au gré de vos envies, choisir entre mandalas et citations inspirantes pour laisser votre esprit s'évader.

Disponible sur Amazon :
Mandalas & inspirations, Les éditions Léontine

Si vous désirez un accompagnement personnalisé pour accueillir et embrasser votre multipotentialité au quotidien, écrivez-moi : contact@etreillimite.ch

Printed in France by Amazon
Brétigny-sur-Orge, FR